PRÁTICA
NO PROCESSO
CRIMINAL
EM PRIMEIRO
GRAU

SÉRIE ESTUDOS JURÍDICOS: DIREITO CRIMINAL

Bruna Isabelle Simioni Silva
Igor Fernando Ruthes

Rua Clara Vendramin, 58 . Mossunguê . Cep 81200-170 . Curitiba . PR . Brasil
Fone: (41) 2106-4170 . www.intersaberes.com . editora@intersaberes.com

Conselho editorial Dr. Alexandre Coutinho Pagliarini, Dr.ª Elena Godoy, Dr. Neri dos Santos, Dr. Ulf Gregor Baranow ▪ **Editora-chefe** Lindsay Azambuja ▪ **Gerente editorial** Ariadne Nunes Wenger ▪ **Assistente editorial** Daniela Viroli Pereira Pinto ▪ **Preparação de originais** Letra & Língua Ltda. ▪ **Edição de texto** Letra & Língua Ltda., Monique Francis Fagundes Gonçalves ▪ **Capa** Luana Machado Amaro ▪ **Projeto gráfico** Mayra Yoshizawa ▪ **Diagramação** Charles L. da Silva ▪ **Equipe de design** Débora Gipiela, Charles L. da Silva, Luana Machado Amaro ▪ **Iconografia** Regina Claudia Cruz Prestes

Dados Internacionais de Catalogação na Publicação (CIP)
(Câmara Brasileira do Livro, SP, Brasil)

Silva, Bruna Isabelle Simioni
 Prática no processo criminal em primeiro grau/Bruna Isabelle Simioni Silva, Igor Fernando Ruthes. Curitiba: InterSaberes, 2022. (Série Estudos Jurídicos: Direito Criminal).

 Bibliografia.
 ISBN 978-65-5517-329-1

 1. Processo penal 2. Processo penal – Brasil 3. Processos criminais I. Ruthes, Igor Fernando. II. Título. III. Série.

21-90233   CDU-343.1(81)

Índices para catálogo sistemático:
1. Brasil: Processo penal: Direito penal 343.1(81)
 Cibele Maria Dias – Bibliotecária – CRB-8/9427

1ª edição, 2022.

Foi feito o depósito legal.

Informamos que é de inteira responsabilidade dos autores a emissão de conceitos.

Nenhuma parte desta publicação poderá ser reproduzida por qualquer meio ou forma sem a prévia autorização da Editora InterSaberes.

A violação dos direitos autorais é crime estabelecido na Lei n. 9.610/1998 e punido pelo art. 184 do Código Penal.

Sumário

9 ▪ *Apresentação*

Capítulo 1
15 ▪ Queixa-crime
17 | Requisitos e aspectos processuais
32 | Peça processual
50 | Modelo

Capítulo 2
57 ▪ Denúncia
59 | Requisitos e aspectos processuais
69 | Peça processual
75 | Modelo

Capítulo 3
81 ▪ Queixa subsidiária da pública
83 | Requisitos e aspectos processuais
88 | Peça processual
94 | Modelo

Capítulo 4
101 ▪ Resposta à acusação
103 | Requisitos e aspectos processuais

110 | Peça processual
121 | Modelo

Capítulo 5
125 ▪ Defesa preliminar
128 | Requisitos e aspectos processuais
134 | Peça processual
140 | Modelo

Capítulo 6
143 ▪ Alegações finais por memoriais
144 | Requisitos e aspectos processuais
151 | Peça processual
159 | Modelo

Capítulo 7
165 ▪ Embargos de declaração
166 | Requisitos e aspectos processuais
172 | Peça processual
174 | Modelo

Capítulo 8
179 ▪ Decisões judiciais
181 | Redação oficial
183 | Classificação das decisões judiciais

193 ▪ *Considerações finais*
195 ▪ *Referências*
201 ▪ *Sobre os autores*

Aos nossos alunos e alunas, por serem a razão de nos aperfeiçoarmos cada vez mais e por serem o motivo de podermos ser chamados de professor(a)!

Bruna Isabelle Simioni Silva
Igor Fernando Ruthes

Apresentação

Antes de analisarmos os temas específicos a que nos propomos nesta obra, como explicações teóricas das principais peças e de teses e confecção das peças cabíveis no processo criminal em primeiro grau, precisamos destacar algumas abordagens gerais sobre a prática profissional.

Inicialmente, para que possamos peticionar e atuar na área criminal, é necessário compreender o jogo de interações que o processo penal exerce. A possibilidade de influenciar e ser influenciado "é a tônica da dinâmica que articula a fusão de horizontes de sentido, de mapas mentais, enfim de fatores para além do domínio consciente" (Rosa, 2020, p. 188), sendo necessário entender os "recorrentes em contextos mutantes, nos quais a capacidade de leitura e adaptação pode fazer a diferença" (Rosa, 2020, p. 188).

O estudo não parte apenas de um peticionamento direto e sem qualquer sentido, mas de uma análise pormenorizada do caso, buscando atentar a todas as possibilidades existentes, sem se limitar ao ato que está prestes a ser praticado, afinal, o processo penal é uma "complexa fenomenologia" (Lopes Júnior, 2020, p. 278).

Entender o processo como um fenômeno significa ser "visto como um conjunto de situações processuais pelas quais as partes atravessam, caminham, em direção a uma sentença definitiva favorável" (Lopes Júnior, 2020, p. 279). A partir de um andamento de caráter dinâmico, com incertezas, pode o processo ser concebido como "uma complexa situação jurídica" (Lopes Júnior, 2020, p. 280).

Dessa complexa situação derivam as oportunidades do processo, chamadas de *chances* ou *cargas*, esta última vinculada "à noção de unilateralidade, logo, não passível de distribuição, mas sim de atribuição" (Lopes Júnior, 2020, p. 282). Na esfera penal, cabe ao acusador a atribuição da carga probatória. No entanto, em que pese não haver a carga em si para a defesa, esta assume todos os riscos de perder as chances probatórias existentes, e, nesse ponto, insere-se não somente a ausência da atuação ou produção probatória, mas também o pouco aproveitamento da carga sem os devidos exames e cautelas necessários.

As *chances* devem ser aproveitadas, sendo certo que, a partir delas, é possível chegar a uma decisão favorável, do contrário, ou seja, em não sendo aproveitadas, surge a possibilidade de nos depararmos com sentenças desfavoráveis.

Portanto, primeiramente, devemos entender o contexto envolvido para, então, eleger a melhor forma de atuação. Contudo, estabelecer um "comportamento processual não é uma tarefa individual, porque depende das motivações e dos comportamentos de terceiros" (Rosa, 2020, p. 191). Os *terceiros*, aqui, são os sujeitos processuais, os quais, com o processo penal no contexto democrático, têm influência mútua (Rosa, 2020).

É necessário compreender quem são os sujeitos processuais – obviamente, no cenário das categorias próprias do processo penal, estabelecendo as limitações a elas inerentes e deixando de lado a ultrapassada adoção de uma teoria geral do processo (Pacelli, 2020). Os sujeitos processuais atuam de maneira diversa no processo penal, haja vista que o caráter democrático deste demanda interação dos sujeitos, os quais "ocupam lugares e funções próprias" (Rosa, 2020, p. 435), estabelecendo as diretrizes de atuação de acordo com um "contexto situado no tempo e espaço" (Rosa, 2020, p. 435).

Em um segundo plano, é preciso compreender as particularidades do direito material no qual se funda o direito envolvido no caso penal submetido à jurisdição penal, estabelecendo as normas dispostas, as possibilidades de uso e a adequação de sua utilização. Trata-se de um dos passos que viabiliza a obtenção de um resultado satisfatório no processo.

Ter conhecimento sobre o direito material é estar amparado pelas teses defensivas que envolvem e se adequam ao caso penal, trazendo possibilidades mais amplas de atuação. O estudo do direito material não se limita à área penal nem ao que se aprende em uma graduação em Direito. Aliás, em qualquer área, é necessário adotar a rotina contínua de estudos como forma de atuação, o que torna o profissional diferenciado e mais capacitado.

São fundamentais a atualização e o aperfeiçoamento constantes, haja vista que as teses defensivas dispostas no petitório não serão tratadas como "mera formalidade", e a respectiva inserção destas na peça processual não deve ser feita como "mero enfeite" (Talon, 2019). Ao contrário, devem ser utilizadas como uma das formas de "conquistar a atenção do julgador, destacando bons fundamentos, utilizando estrategicamente algumas ferramentas nas peças" (Talon, 2019).

Em um terceiro momento, é necessária a compreensão do entendimento jurisprudencial, a fim de conectá-lo ao direito material apresentado, de modo a reunir um maior arcabouço daquilo que se pretende alegar, trazendo às particularidades do caso a "pesquisa, descoberta e fundamentação de uma corrente (não necessariamente majoritária)" que tenha adesão à situação concreta e que propicie melhor desenvoltura na atuação profissional (Talon, 2019).

Ao elencar os entendimentos jurisprudenciais, a ideia é demonstrar ao julgador as possibilidades existentes em casos análogos, diminuindo o grau de incerteza quanto ao pedido formulado, o que gera maior sensação de segurança com relação à tese apresentada.

Por fim, e talvez o que merece mais cuidado, visto que é com base nele que é realizada a interação processual, temos o caminhar processual, ou seja, o procedimento e as regras processuais.

O processo, considerado como o conjunto de atos que tem por finalidade a solução do caso penal, é desenvolvido pelo Estado-juiz, que profere, ao final, uma sentença absolutória ou condenatória. Ele é desenvolvido a partir do iter procedimental (Rangel, 2019), disciplinando os atos e coordenando a relação jurídico processual, de forma a conceder fluidez ao seu curso (Mossin, 2010), e deve ser dominado por aqueles que atuam no processo penal, sendo necessário, para tanto, conhecer "as regras do jogo particularizado" (Rosa, 2020, p. 217).

Saber o caminhar processual permite a adoção de uma tática processual adequada, um peticionamento com alto nível de desempenho, aproveitando a chance que lhe é concedida no momento de atuação.

Os planos de compreensão apresentados (sujeitos processuais, normas de direito material, jurisprudência e regras processuais) não devem ser concebidos isoladamente, mas sim como o conjunto necessário e adequado para a atuação profissional de excelência.

O que pretendemos demonstrar é a necessidade de uma postura ativa e interessada no campo de atuação, a fim de resguardar os interesses daquele ao qual se representa – e tal aspecto não se limita ao advogado, pois inclui o assistente e o Ministério Público, já que este livro não abrange somente as peças produzidas pela defesa. Afinal, "o desvelar do jogo, por sua vez, depende do modo como o sujeito se engaja, ou seja, dos limites éticos e morais de cada um, como em todo o jogo" (Rosa, 2020, p. 189).

Assim, com a compreensão dos planos a serem observados para um maior aproveitamento na atuação profissional, os capítulos reúnem as informações teóricas das peças, as peculiaridades dos direitos material e processual e as possíveis teses jurídicas a serem utilizadas.

Esperamos que possam aproveitar e utilizar de maneira satisfatória os conteúdos aqui abordados.

Capítulo 1

Queixa-crime

Quando a temática envolvida é a queixa-crime, surgem algumas confusões em razão de esta ser utilizada comumente pela sociedade como o ato de levar até a autoridade policial a informação da ocorrência de um crime, tendo o entendimento de que *notícia-crime*, *denúncia* e *queixa-crime* seriam apenas sinônimos. Entretanto, essas três palavras, tão confundidas e empregadas de maneira equivocada, designam assuntos diferentes.

Inicialmente, devemos estabelecer que, quando da ocorrência de uma infração penal, é necessário informar a autoridade policial competente, por meio de uma notificação, para que se possam iniciar as investigações acerca de sua existência no que se refere à autoria e à materialidade. Esse ato de comunicação da infração penal à autoridade deve ser chamado de *notícia-crime*, que será formalizada mediante boletim de ocorrência, o qual deve conter a descrição dos fatos da forma mais precisa, com registro fiel aos acontecimentos, ao horário, ao local e com a identificação das pessoas envolvidas, além de tudo o que for relacionado aos fatos, a fim de que estes possam ser apurados pela Polícia Judiciária, iniciando-se, assim, "a fase investigatória" (Messa, 2020, p. 146).

A denúncia, que será também objeto de estudo dos próximos capítulos, é a peça inaugural da ação penal de iniciativa pública, em que a titularidade da persecução penal é do Ministério Público, podendo o particular apresentar uma peça denominada *queixa subsidiária da pública* quando não houver o cumprimento dos prazos para o oferecimento da denúncia por parte do Ministério Público.

A queixa-crime, objeto de análise deste capítulo, é a peça inaugural da ação de iniciativa privada, por meio da qual se inicia "a fase processual" (Messa, 2020, p. 146).

Assim, não podem a notícia-crime, a denúncia e a queixa-crime ser confundidas, haja vista que a **notícia-crime** é realizada perante a autoridade policial para informar sobre a ocorrência de uma infração penal, e a **denúncia** e a **queixa-crime** são peças inaugurais das ações de iniciativas pública e privada.

— 1.1 —
Requisitos e aspectos processuais

Na esfera criminal, a regra é de que as ações penais sejam de iniciativa pública, ou seja, a titularidade da persecução penal é do Ministério Público, que, nesses casos, deve oferecer a denúncia. Entretanto, o legislador estabeleceu de forma direta na legislação, em alguns casos, a instauração do processo mediante queixa do ofendido, "concedendo a esse o direito de, conforme sua vontade, propor ou não a ação" (Dezem et al., 2021, p. 86).

Assim, a queixa-crime é cabível diante da ocorrência de uma infração penal cuja previsão legislativa determine expressamente que tal infração se procede mediante queixa, tais como os seguintes crimes previstos no Código Penal – Decreto-Lei n. 2.848, de 7 de dezembro de 1940: esbulho possessório quando a propriedade é particular e não houver o emprego de violência (art. 161, § 3º); dano qualificado por motivo egoístico ou com prejuízo considerável para a vítima e introdução ou abandono de animais em propriedade alheia, sem o consentimento de quem de direito, desde que do fato resulte prejuízo (art. 167); fraude à execução (art. 179, § único); crimes contra a honra quando não resultarem em lesão corporal (art. 145); violação de direito autoral (art. 186, I); e exercício arbitrário das próprias razões sem emprego de violência (art. 345).

Como segundo indicativo da necessidade de apresentação da queixa-crime, além de constar, na infração penal, a observação do legislador acerca de que é o particular quem deve dar início ao processo, o sugestivo é a inexistência de processo ou de qualquer momento processual.

Assim, diante de um crime que lese "direitos individuais e sociais" (Avena, 2020, p. 245), há a possibilidade do exercício do *ius puniendi estatal*, que significa "poder de punir do Estado", momento no qual há o surgimento da ação penal, que pode ser entendida como a possibilidade de buscar a tutela jurisdicional do Estado a fim de solucionar o caso penal (Ishida, 2015, p. 53).

Importante mencionar que a ação penal é uma forma de provocar a jurisdição em busca da tutela penal, sendo caracterizada como "um direito público autônomo e abstrato" (Lopes Júnior, 2020, p. 233), ao passo que o processo é a forma, o instrumento utilizado para buscar a tutela jurisdicional (Pacelli, 2020).

De tal sorte, "a ação processual penal é um direito potestativo de acusar, público, autônomo e abstrato, mas conexo instrumentalmente ao caso penal" (Lopes Júnior, 2020, p. 233), a qual não pode ser confundida com o processo, visto que a ação penal existe muito antes dele, além de ser totalmente independente (Ishida, 2015).

Por tal motivo e em virtude dessa diferenciação, é equivocado mencionar que "foi apresentada a ação" ou que "a ação é cabível", já que é a queixa-crime que é apresentada e que se mostra cabível no caso concreto, considerando sua previsão legal. Do mesmo modo, não é adequado citar que "a ação foi julgada procedente", pois é o pedido – pretensão punitiva formulada pelo titular da persecução penal – que é julgado procedente ou improcedente.

— 1.1.1 —
Ação processual penal de iniciativa privada

Como já destacamos, a ação será considerada de iniciativa privada quando houver a disposição na legislação de que o crime "somente se procede mediante queixa", sendo uma exceção prevista na legislação que, "mesmo figurando a infração penal como matéria de interesse público, optou o Estado em delegar ao particular a iniciativa para o oferecimento da ação penal em situações excepcionais" (Cury, 2018, p. 42).

> O legislador preferiu conceder ao particular a iniciativa do oferecimento da inicial em alguns crimes, pois entendeu que afetam tão intimamente a vítima que o seu processamento traria a esta consequências maiores do que a própria infração penal (vitimização secundária). (Cury, 2018, p. 42)

Nesses casos, o próprio ofendido/vítima é quem deve formular a pretensão acusatória, ou seja, será o "titular de uma pretensão acusatória e exerce o seu direito de ação, sem que exista delegação do poder ou substituição processual" (Lopes Júnior, 2020, p. 256), na qual figurará como titular da persecução penal. Cumpre ressalvar que, embora seja o titular da ação de iniciativa privada, não podemos confundi-lo "com o poder de penar, que está a cargo do Estado-juiz" (Lopes Júnior, 2020, p. 256).

> Se o bem jurídico tutelado revelar acentuado interesse privado – particular, portanto –, e decorrer daí certa necessidade de se preservar tal interesse, o legislador adotará a opção de tornar a ação penal de natureza privada, fazendo ceder o interesse público, que sempre há em todas as pendências de natureza penal, ao interesse maior de preservar a vontade do ofendido no sentido de ver instaurado ou não o inquérito; de se promover ou não a ação penal respectiva. (Marcão, 2020, p. 292)

A ação penal privada é norteada pelos princípios da oportunidade, da disponibilidade, da indivisibilidade e da intranscendência.

O **princípio da oportunidade e conveniência** estabelece que o próprio ofendido, ou seja, a vítima da infração penal, é quem apresenta a queixa "se quiser, se for de seu interesse, se o momento de propor for oportuno ou, se oportuno, houver conveniência nesta propositura" (Rangel, 2019, p. 249), o que significa dizer que, diante de um caso de ação penal privada, o ofendido não está obrigado a apresentar a queixa. Assim, "cabe ao titular do direito de agir a faculdade de concordar ou não com a lavratura do auto de prisão em flagrante, com a instauração do inquérito e com a propositura da ação penal privada ou queixa-crime" (Messa, 2020, p. 278).

Trata-se, portanto, de uma faculdade do ofendido apresentar a queixa-crime contra aquele que violou o direito, dentro do prazo decadencial previsto, podendo, inclusive, "dispor da queixa-crime" (Cury, 2018, p. 43) por meio das hipóteses previstas na legislação, o que resultará em causa de extinção de punibilidade prevista no CP, qual seja, a renúncia.

A renúncia, consistente em um "ato unilateral do ofendido, titular do direito de queixa, pois prescinde da aceitação do apontado autor do delito" (Marcão, 2016, p. 249), deve ser entendida como a "abdicação ou recusa do direito à propositura da ação penal, por meio da manifestação da vontade do não exercício dela no prazo previsto em lei" (Pacelli, 2020, p. 115), sendo uma causa extintiva de punibilidade, prevista no art. 107, inciso V, do CP, e que pode ser realizada expressa ou tacitamente.

Quando realizada de modo expresso, deve ocorrer a partir de uma declaração assinada pelo próprio ofendido, por seu representante legal ou por procurador com poderes especiais, conforme dispõe o art. 50 do Código de Processo Penal (CPP) – Decreto-Lei n. 3.689, de 3 de outubro de 1941. Cabe a ressalva de que, quando a renúncia for efetuada por representante legal de menor de 18 anos, isso não impede que este exerça o direito de queixa, nem mesmo a renúncia do menor exclui tal direito do representante legal. Havendo conflito entre o ofendido e seu representante legal, será necessário nomear um curador especial (Pacelli, 2020).

Vale salientar, ainda, que cabe a nomeação de curador especial, em casos de colisão de interesses com o representante legal, ao ofendido que for incapaz ou, mesmo tendo atingido a maioridade, for mentalmente enfermo, o qual será nomeado, de ofício ou a requerimento do Ministério Público, pelo juiz competente para o processo penal, conforme disposto no art. 33 do CPP.

Já a forma tácita de renúncia, prevista no art. 57 do CPP, em que são admitidos todos os meios de prova, é entendida como a prática de um ato incompatível com a vontade de exercer o direito de queixa, conforme dispõe o art. 104 do CP, como, por exemplo, o ofendido realizar um convite para sua festa de aniversário àquele que o ofendeu.

Destacamos que não caracteriza hipótese de renúncia tácita o fato de o ofendido receber a indenização do dano causado, conforme prevê o parágrafo único do art. 104 do CP. Tal disposição não configura hipótese de composição dos danos civis prevista na Lei dos Juizados Especiais Criminais (Lei n. 9.099, de 26 de setembro de 1995), mas se refere às "infrações penais submetidas a uma e outra instância (Justiça Comum e Juizados Especiais)" (Pacelli, 2020, p. 116). Portanto, da ocorrência de uma infração penal é possível, por exemplo, que resulte um dano indenizável, sendo o caso de reparação civil. Nessas hipóteses, o recebimento de indenização da esfera cível não resultará em renúncia tácita ao direito de queixa, haja vista que as esferas são autônomas e independentes.

Por fim, no que se refere à renúncia ao direito de queixa, é importante salientar a regra presente no art. 50 do CPP de que, quando esta for exercida em face de qualquer dos autores do crime, será estendida.

Quanto ao **princípio da disponibilidade**, em virtude da não obrigatoriedade da ação penal de iniciativa privada, e "uma vez decidido pelo ofendido propor a ação penal de iniciativa privada (conveniência ou oportunidade), poderá ele a todo tempo dispor do conteúdo material do processo, desistindo do seu prosseguimento" (Rangel, 2020, p. 250). Isso significa dizer que não é porque o querelante apresentou a pretensão acusatória que deverá seguir nela até o final do processo, podendo abdicar de seu direito de queixa, dispondo do "conteúdo material do processo" (Rangel, 2020, p. 250), pela perempção ou pela concessão do perdão.

Uma forma de desistir de seu direito de queixa é por meio da perempção, que representa "a perda do direito de prosseguir na ação penal já instaurada, cujo efeito é a extinção da punibilidade, consoante o disposto no art. 107, IV, do CP" (Pacelli, 2020, p. 118). Tal hipótese é decorrente de a legislação prever uma postura ativa por parte do ofendido:

> Na verdade, pode até ocorrer que o querelante, autor da ação penal, não esteja, efetivamente, disposto a abandonar a ação penal. Entretanto, a própria lei exige dele um

comportamento permanentemente ativo, dado que a imputação penal em juízo é suficiente para atingir o estado de dignidade do cidadão. Por isso, espera-se do autor a maior celeridade possível, com observância rigorosa dos prazos e procedimentos legais, para a obtenção do provimento judicial final. (Pacelli, 2020, p. 118)

A perempção existe somente nos casos em que a ação penal se procede mediante queixa, ou seja, apenas nas ações de iniciativa privada, estando as hipóteses previstas no art. 60 do CPP: quando iniciada a ação penal, o querelante, ofendido/vítima ou seu representante legal deixar de promover o andamento do processo quando devidamente intimado para a prática de determinado ato, por mais de 30 dias seguidos (inciso I); quando ocorrer a ausência injustificada a qualquer ato do processo em que deveria estar presente, ou deixar de formular o pedido de condenação em alegações finais (inciso III):

> Observe-se que a primeira hipótese diz respeito à desídia do ofendido ou legitimado, com prejuízo para o andamento da ação, enquanto a segunda refere-se à possibilidade de eventual alteração do convencimento do querelante acerca da delituosidade ou autoria do fato, bem como de desinteresse, por qualquer motivo, na solução da questão. É importante registrar que a presença do querelante aos atos do processo somente pode ser exigida em relação aos atos de natureza instrutória, ou seja, naqueles em que a sua participação é relevante para a apuração dos fatos. (Pacelli, 2020, p. 118)

Ainda, pode ocorrer diante do falecimento do querelante ou em casos que sobrevenha sua incapacidade e o representante legal não comparecer em juízo, dentro do prazo de 60 dias, para dar prosseguimento ao processo (inciso II); ou quando ocorrer a extinção da pessoa jurídica e esta não tiver sucessor (inciso IV).

No que se refere ao perdão, este "é ato bilateral, cuja eficácia depende, assim, da aceitação do querelado ou de quem tenha poderes para representá-lo, na hipótese de sua incapacidade" (Pacelli, 2020, p. 118), em razão de doença mental se não houver representante legal ou em razão de conflito de interesses, hipóteses nas quais a aceitação do perdão caberá ao curador que o juiz nomear, na forma do art. 53 do CPP.

A realização de tal ato nos crimes em que somente se procede mediante queixa obsta ao prosseguimento da ação penal, conforme determina o art. 105 do CP, sendo causa extintiva de punibilidade (art. 58, § único, do CPP). Pode ocorrer de forma expressa ou tácita, esta última quando há a prática de ato incompatível com a vontade dar prosseguimento na ação penal, aceitando todos os meios de provas existentes para sua configuração (art. 57 do CPP), assim como no caso de renúncia.

> Exemplo: o querelante convida o querelado para ser padrinho de seu filho que acaba de nascer e que será batizado. Ora, esse convite é incompatível com a vontade de processar o querelado. Nesse caso, entende a doutrina que isso é um perdão tácito e que, portanto, não faz sentido movimentar a máquina

judiciária para processar um homem que está desfrutando do ambiente familiar do ofendido, sem oposição deste. (Rangel, 2020, p. 251)

É possível a primeira modalidade ocorrer tanto judicial quanto extrajudicialmente, porém com contornos diferentes.

A forma expressa de perdão extrajudicial deve ser realizada mediante declaração assinada pelo próprio ofendido, por seu representante legal ou por procurador com poderes especiais (art. 56 do CPP), do mesmo modo deve ser observada a regra do CPP no que se refere ao aceite.

Já quando realizada de forma expressa judicialmente, o querelado (autor do fato) será intimado, no prazo de 3 dias, para se manifestar se aceita o perdão que lhe fora concedido, sendo certo que o silêncio importará na aceitação do perdão, consoante o disposto no art. 58 do CPP.

Independentemente da forma de perdão, se judicial ou extrajudicial, ressaltamos que o perdão concedido a um dos querelados a todos aproveitará, sem, todavia, produzir, efeitos quanto ao querelado que o recusar (art. 51 do CPP).

Outra premissa a ser observada é o **princípio da indivisibilidade**, "comum a toda espécie de ação penal – pública ou privada" (Marcão, 2020, p. 294), o qual deve ser entendido como a obrigação, no caso de concurso de agentes e sendo apresentada a queixa-crime contra um dos autores do fato, de incluir todos no processo. E diante da

> impossibilidade de se fracionar a persecução penal, isto é, de se escolher ou optar pela punição de apenas um ou alguns dos autores do fato, deixando-se os demais, por qualquer motivo, excluídos da imputação delituosa. A regra da indivisibilidade, embora justificada até mesmo por critérios de isonomia, bem demonstra a permanência do interesse público na apuração e na punição do fato, permitindo ao ofendido tão somente o juízo de conveniência acerca da instauração da ação, por questões ligadas, como vimos, aos riscos decorrentes de eventual divulgação dos fatos, o *strepitus iudicii* (segundo a doutrina majoritária), ou, como preferimos, à titularidade para a formação da *opinio delicti*, que, assim, nas ações privadas, independeria do entendimento do Ministério Público. (Pacelli, 2020, p. 120)

Assim, tem o Ministério Público a incumbência de prezar pela indivisibilidade, e dada a incumbência, este poderá realizar o chamado *aditamento* da peça acusatória apresentada pelo querelante, que será realizada no prazo de 3 dias; se não se manifestar dentro desse prazo, não haverá o que aditar, dando-se regular andamento no processo (art. 46, § 2°, do CPP).

Em contrariedade ao disposto no CPP, há o entendimento de que não poderia o Ministério Público realizar o aditamento da denúncia, visto não ter a legitimidade para a persecução penal de iniciativa privada. Nesses casos em que o querelante não inseriu o coautor ou o partícipe no polo passivo, prezando-se pela aplicação do referido princípio, seria possível a manifestação requerendo a extinção de punibilidade em relação a todos os autores do fato, uma vez que teria ocorrido a renúncia tácita do querelante, já que praticou ato incompatível com o andamento processual e em desacordo com as regras previstas no CPP (Lopes Júnior, 2020).

Entretanto, é certa também a possibilidade de o órgão ministerial invocar a manifestação do querelante para que realize o aditamento, realizando a inclusão dos coautores e partícipes faltantes, e, diante de desídia quanto ao atendimento da queixa, sendo advertido de que, caso não o fizer, será reconhecida a renúncia ao direito de queixa em relação a todos os autores do fato (Lopes Júnior, 2020).

Incumbe a ressalva da possibilidade de o querelante não ter realizado a inclusão do coautor ou do partícipe ao apresentar a queixa, porém não por não ter interesse no prosseguimento da persecução penal em relação a um dos autores, mas sim porque as provas constantes nos autos não demonstravam sua existência naquele momento, o que não pode ser considerado como renúncia. Assim, no caso de surgir novas provas com relação ao caso, indicando a existência de outro autor da prática delitiva, pode o querelante, dentro do prazo decadencial, realizar a apresentação da queixa contra o outro autor do delito, sob pena de ser entendido como renúncia tácita, com a consequente extensão a todos os outros.

— 1.1.2 —
Prazo decadencial

Para que possa ser exercido o direito de queixa, deve ser observado o prazo decadencial para a apresentação da queixa-crime ao juiz competente. E, "tratando-se de ações reservadas à iniciativa do ofendido, a legislação processual penal cuidou de estabelecer prazos de características distintas daqueles previstos para o exercício da ação penal pública" (Pacelli, 2020, p. 123), em virtude da própria natureza privada.

> Assim, com os olhos voltados para uma rápida solução do conflito e pacificação dos espíritos, optou-se – ao contrário do prazo prescricional, mais dilatado e tradicionalmente sujeito à interrupção e à suspensão – pela estipulação de prazo decadencial, muito menos elástico e, por dentição conceitual, avesso aos incidentes de paralisação na sua fluência temporal. (Pacelli, 2020, p. 123)

Assim, o ofendido, ou seu representante legal, terá o prazo decadencial de 6 meses para exercer o direito de queixa; caso não cumpra o prazo legal, decairá o direito.

Importa salientar que o prazo iniciará a partir do dia em que se vier a saber quem é o autor do crime, na forma do art. 38, 1ª parte, do CPP, bem como art. 103 do CP. Esse prazo não é prorrogável, assim, "se acabar no domingo, por exemplo, não se estende para segunda-feira, devendo a queixa ser distribuída na sexta-feira anterior ou no plantão de domingo" (Lopes Júnior, 2020, p. 259).

Por se tratar de prazo de direito material, deve observar as regras do art. 10 do CP, segundo o qual "o dia do começo inclui-se no cômputo do prazo. Contam-se os dias, os meses e os anos pelo calendário comum". A regra de contagem do prazo pode ser exemplificada da seguinte forma: se o fato ocorreu em 10 de janeiro de 2020, inclui-se na contagem a data do fato, data em que o ofendido também teve conhecimento da autoria; contados 6 meses do prazo, temos o dia 10 de julho de 2020. Entretanto, como o artigo menciona a inclusão do dia do começo, logo, será excluído o dia final, portanto, o último dia para o exercício do direito de queixa seria dia 9 de julho de 2020.

No que se refere à contagem de prazo, cabe a menção de que os prazos decadenciais "não se submetem a causas interruptivas ou suspensivas, fluindo, portanto, independentemente da data do início ou da eventual morosidade das investigações, desde que, por óbvio, já se saiba previamente acerca da autoria do fato" (Pacelli, 2020, p. 123).

Salientamos anteriormente a possibilidade de, em casos de conflito de interesses entre o menor e o representante legal, ser nomeado curador especial. Sobre o tema, a Súmula n. 594 do STF prevê que "os direitos de queixa e de representação podem ser exercidos, independentemente, pelo ofendido ou por seu representante legal". Logo, surgem duas posições no que se refere ao prazo decadencial.

A primeira tem o entendimento de que não há fluidez do prazo enquanto for incapaz, visto que, diante da impossibilidade de exercer o direito de queixa, não há razão para que se tenha a contagem do referido prazo, motivo pelo qual é admitido que, assim que completar 18 anos, terá o prazo decadencial de 6 meses para fazê-lo.

Já o segundo posicionamento é de que se trata de direito único, com a existência de dois titulares, devendo ser levadas em consideração duas hipóteses: a primeira de que o menor leva ao conhecimento do representante legal a informação da prática do crime, iniciando a partir daquele momento o prazo decadencial de 6 meses; e a segunda de que, não levado ao conhecimento do representante legal, o prazo decadencial começaria a correr a partir do momento em que completasse 18 anos e atingisse a maioridade.

Dessa forma, vejamos os ensinamentos de Aury Lopes Júnior (2020, p. 259):

> Em relação ao ofendido maior de 18 anos e menor de 21, até o advento do Código Civil, cuja vigência é de 2003, a sistemática do CPP era de legitimidade concorrente (art. 34), pois a queixa (e uma série de outros institutos, como o perdão e a renúncia) poderia ser feita pela vítima, ou pelo representante legal, pois ela era considerada relativamente capaz para a prática dos atos da vida civil. Contudo, com o novo Código Civil, operou-se uma mudança no que se refere ao tratamento da capacidade. Agora, uma pessoa é plenamente capaz aos 18 anos. Logo, acabou toda e qualquer capacidade concorrente – seja

para representar, fazer a queixa-crime, perdoar ou renunciar – quando a vítima tiver mais de 18 anos, pois ela passou a ser plenamente capaz, não havendo mais a possibilidade concorrente de o ascendente, por exemplo, fazer a queixa.

Logo, não se aplicando mais a regra de legitimidade concorrente do ofendido com seu representante legal, na hipótese de ser o ofendido menor de 21 anos de idade, haja vista as alterações elencadas na legislação quanto à maioridade.

Por fim, salientamos que a não apresentação da queixa dentro do prazo legal ensejará a extinção da punibilidade do agente pela ocorrência de prescrição, na forma do art. 107, inciso IV, do CP.

— 1.2 —
Peça processual

Para definir a competência, devem ser verificadas as respectivas regras, a fim de identificar o órgão jurisdicional competente para a apreciação e o julgamento do caso penal. As regras estabelecidas nesta seção servirão para todas as demais peças presentes neste livro, uma vez que é utilizada a mesma forma de identificação, com algumas ressalvas de aplicação quando já tiverem sido fixadas previamente à apresentação da peça, como no caso das peças defensivas (defesa prévia/preliminar, resposta à acusação) e das alegações finais por memoriais.

Inicialmente, abordaremos a justiça competente, considerando a existência de: (1) Justiças Especiais (Justiça

Militar – Federal e Estadual – e Justiça Eleitoral) e (2) Justiça Comum (Federal e Estadual).

Começando a análise pela **Justiça Especial**, temos a Justiça Militar da União (Federal), a ela compete "o julgamento dos militares pertencentes às forças armadas (exército, marinha e aeronáutica), que possuem atuação em todo o território nacional" (Lopes Júnior, 2020, p. 294), e a competência será para julgamento dos crimes militares definidos em lei, conforme disposto no art. 124 da Constituição Federal (CF) de 1988.

Os crimes militares previstos em lei são aqueles dispostos no art. 9º do Código Penal Militar (CPM) – Decreto-Lei n. 1.001, de 21 de outubro de 1969:

> Art. 9º Consideram-se crimes militares, em tempo de paz:
>
> I – os crimes de que trata este Código, quando definidos de modo diverso na lei penal comum, ou nela não previstos, qualquer que seja o agente, salvo disposição especial;

Admitem o julgamento dos crimes previstos no CPM e, também, dos previstos na legislação penal comum e extravagante (leis esparsas):

> Art. 9º[...]
>
> II – os crimes previstos neste Código e os previstos na legislação penal, quando praticados:
>
> a) por militar em situação de atividade ou assemelhado, contra militar na mesma situação ou assemelhado;

b) por militar em situação de atividade ou assemelhado, em lugar sujeito à administração militar, contra militar da reserva, ou reformado, ou assemelhado, ou civil;

c) por militar em serviço ou atuando em razão da função, em comissão de natureza militar, ou em formatura, ainda que fora do lugar sujeito à administração militar contra militar da reserva, ou reformado, ou civil;

d) por militar durante o período de manobras ou exercício, contra militar da reserva, ou reformado, ou assemelhado, ou civil;

e) por militar em situação de atividade, ou assemelhado, contra o patrimônio sob a administração militar, ou a ordem administrativa militar;

f) revogada.

III – os crimes praticados por militar da reserva, ou reformado, ou por civil, contra as instituições militares, considerando-se como tais não só os compreendidos no inciso I, como os do inciso II, nos seguintes casos:

a) contra o patrimônio sob a administração militar, ou contra a ordem administrativa militar;

b) em lugar sujeito à administração militar contra militar em situação de atividade ou assemelhado, ou contra funcionário de Ministério militar ou da Justiça Militar, no exercício de função inerente ao seu cargo;

c) contra militar em formatura, ou durante o período de prontidão, vigilância, observação, exploração, exercício, acampamento, acantonamento ou manobras;

d) ainda que fora do lugar sujeito à administração militar, contra militar em função de natureza militar, ou no desempenho de serviço de vigilância, garantia e preservação da ordem pública, administrativa ou judiciária, quando legalmente requisitado para aquele fim, ou em obediência a determinação legal superior.

Não será de competência da Justiça Militar da União quando for ausente a prática em situação de interesse militar, como, por exemplo, quando o crime for de violência doméstica e familiar contra a mulher, sendo de competência da Justiça Comum (Lopes Júnior, 2020). Nesses casos, é preciso verificar se já foi instalada na comarca o Juizado de Violência Doméstica e Familiar Contra a Mulher, onde deverá tramitar obrigatoriamente perante esse Juízo. Não tendo sido instalado, é o caso de tramitação perante a Vara Criminal Comum.

Examinando, ainda, a competência da Justiça Especial, temos a Eleitoral, que não deve ser entendida como critério de hierarquia, já que se trata de esferas independentes e distintas; essa competência é fixada de acordo com a CF/1988, em seu art. 121:

> Art. 121. Lei complementar disporá sobre a organização e competência dos tribunais, dos juízes de direito e das juntas eleitorais.
>
> § 1º Os membros dos tribunais, os juízes de direito e os integrantes das juntas eleitorais, no exercício de suas funções, e no que lhes for aplicável, gozarão de plenas garantias e serão inamovíveis.

§ 2º Os juízes dos tribunais eleitorais, salvo motivo justificado, servirão por dois anos, no mínimo, e nunca por mais de dois biênios consecutivos, sendo os substitutos escolhidos na mesma ocasião e pelo mesmo processo, em número igual para cada categoria.

§ 3º São irrecorríveis as decisões do Tribunal Superior Eleitoral, salvo as que contrariarem esta Constituição e as denegatórias de habeas corpus ou mandado de segurança.

§ 4º Das decisões dos Tribunais Regionais Eleitorais somente caberá recurso quando: [...].

Entretanto, conforme depreendemos da leitura do dispositivo ora transcrito, a "redação não é das melhores. Sua competência, diante da lacunosa previsão constitucional, acaba sendo dada pelo Código Eleitoral, que prevê ainda quais são os crimes eleitorais" (Lopes Júnior, 2020, p. 301).

Por fim, no que se refere à competência das Justiças Especiais (Militar e Eleitoral), devemos ressaltar que "a competência da Justiça Federal está prevista na Constituição, mas também está **limitada e excluída** pela própria Constituição", visto que "somente pode incidir quando não for de um crime de competência da Justiça Militar ou Eleitoral. E não poderia ser diferente. A Justiça Federal é residual em relação às duas especiais, que prevalecem sobre ela" (Lopes Júnior, 2020, p. 303, grifo nosso).

Assim, deve ser verificada a matéria a ser julgada, começando a partir da Justiça Especial e, não sendo o caso de apreciação por esse juízo, por não se tratar de matéria atinente à sua apreciação, passa-se a verificar qual é a competente na Justiça Comum (Lopes Júnior, 2020).

Sendo caso de apreciação pela **Justiça Comum**, primeiramente, deve ser verificado se é de competência da Justiça Comum Federal, conforme as hipóteses previstas no art. 109 da CF/1988, partindo "do mais restrito para o mais residual" (Lopes Júnior, 2020, p. 294) e, por critério de exclusão, a conclusão será de que é de competência da Justiça Comum Estadual.

Após essa definição, é necessária a análise de qual será o órgão competente, que pode dividir-se entre Juizado Especial Criminal (JECrim), Tribunal do Júri ou Vara Criminal (juiz singular).

Cumpre a ressalva que "é crucial identificar se é caso de prerrogativa de função, pois se for prevalece (como regra) sobre os órgãos de primeiro grau. Isso é muito sensível e requer muita atenção" (Lopes Júnior, 2020, p. 292). E, assim:

> Quando, em razão da natureza do delito (matéria) e qualidade do agente (pessoa), o julgamento for de competência da Justiça de primeiro grau, deve-se ainda definir qual será o foro competente (lugar), atendendo, nesse caso, às regras dos arts. 70 e 71 do CPP. Excepcionalmente, dependendo da situação, poderá ser necessário recorrer às regras dos arts. 88 a 90, quando o delito for cometido a bordo de navio ou aeronave, como explicaremos na continuação.

Feita tal observação no que se refere à prerrogativa de função, passamos à análise da Justiça Comum Estadual, na qual será apreciada e julgada a pretensão acusatória quando for identificado que não é o caso de apreciação pela Justiça Especial nem mesmo pela Comum Federal; portanto, é fixada por critério de exclusão.

Quando houver conflito entre Federal e Estadual, prevalecerá a Federal em detrimento da Estadual, por força do art. 78, inciso III, do CPP, bem como em razão do que prevê a Súmula n. 122 do Superior Tribunal de Justiça (STJ): "compete à Justiça Federal o processo e julgamento unificado dos crimes conexos de competência federal e estadual, não se aplicando a regra do art. 78, II, a, do Código de Processo Penal".

Ao tratarmos da Justiça Comum, podemos encontrar a competência de julgamento pelo Juizado Especial Criminal (Lei n. 9.099/1995). Conforme dispõe o art. 394, parágrafo 1º, inciso III, do CPC, para as infrações penais de menor potencial ofensivo, na forma da lei, são consideradas, de acordo com o art. 61 da Lei n. 9.099/1995, as contravenções penais e os crimes a que lei comine pena máxima não superior a 2 anos, cumulada ou não com multa.

É importante salientar que, em caso de conexão[1] entre crimes da competência do Juizado Especial e do Juízo Penal Comum, deve prevalecer a competência da vara criminal.

---

1   A conexão tem previsão no art. 76 do CPP, que dispõe: "a competência será determinada pela conexão: I – se, ocorrendo duas ou mais infrações, houverem sido praticadas, ao mesmo tempo, por várias pessoas reunidas, ou por várias pessoas em concurso, embora diverso o tempo e o lugar, ou por várias pessoas, umas contra as outras; II – se, no mesmo caso, houverem sido umas praticadas para facilitar ou ocultar as outras, ou para conseguir impunidade ou vantagem em relação a qualquer delas; III – quando a prova de uma infração ou de qualquer de suas circunstâncias elementares influir na prova de outra infração".

Ainda, é necessário verificar se não é de competência do Tribunal do Júri; assim será quando ocorrer um crime doloso contra a vida, consoante o art. 5º, inciso XXXVIII, alínea "d", da CF/1988, sendo fixada a competência no CPP:

> Art. 74. A competência pela natureza da infração será regulada pelas leis de organização judiciária, salvo a competência privativa do Tribunal do Júri.
>
> § 1º Compete ao Tribunal do Júri o julgamento dos crimes previstos nos arts. 121, §§ 1º e 2º, 122, parágrafo único, 123, 124, 125, 126 e 127 do Código Penal, consumados ou tentados.

Os crimes previstos no art. 74, parágrafo 1º, do CPP são de competência do Tribunal do Júri, tanto na modalidade tentada, ou seja, quando o tipo objetivo se realiza de maneira incompleta, não sendo efetivado em sua totalidade por razões alheias à vontade do agente, conforme dispõe o art. 14, inciso II, do CP, quanto na modalidade consumada, ou seja, "quando o autor realizou toda a conduta descrita no tipo de injusto" (Prado, 2017, p. 291).

Assim, somente os crimes previstos no rol de crimes dolosos contra a vida, não sendo de competência aqueles que, mesmo tendo resultado morte, não estão elencados no "Capítulo I – Dos crimes contra a vida" do CP, de tal forma que ficam excluídos os crimes de latrocínio (art. 157, § 3º, II); extorsão mediante sequestro com resultado morte (art. 159, § 3º); estupro com resultado morte (art. 213, § 2º); estupro de vulnerável com resultado morte (art. 217-A, § 4º); e todos os demais crimes que tenham resultado morte e que não estejam descritos no rol dos crimes dolosos contra a vida.

O julgamento dos crimes que não sejam de competência do Juizado Especial Criminal ou do Tribunal do Júri é realizado pela Vara Criminal, ressalvados os crimes cometidos em sede de violência doméstica familiar contra a mulher, os quais tramitarão perante os Juizados Especiais de Violência Doméstica. Cabe, aqui, a menção ao art. 33 da Lei n. 11.340/2006, o qual dispõe que, onde ainda não estiverem estruturados os Juizados de Violência Doméstica e Familiar Contra a Mulher, as Varas Criminais acumularão as competências cível e criminal para conhecer e julgar as causas decorrentes da prática de violência doméstica e familiar contra a mulher. Nesses casos, deve ser garantido o direito de preferência de tramitação dos autos.

Feita a explanação geral sobre a forma de identificação do juízo competente, é necessário destacar a queixa-crime diante dos crimes contra a honra, visto que pode ser de competência do Juizado Especial Criminal, seguindo o procedimento sumaríssimo, ou da Vara Criminal, adotando o procedimento especial dos crimes contra a honra previsto no CPP.

São de competência do Juizado Especial Criminal os casos em que a pena cominada a infração penal for inferior a 2 anos, "contudo, havendo concurso material entre calúnia e difamação e/ou injúria, será excedida a competência do JECrim, devendo o processo seguir o rito estabelecido nos artigos 519 e seguintes do CPP" (Lopes Júnior, 2017, p. 743).

Assim, poderá ser realizado o endereçamento da seguinte forma:

Modelo de endereçamento

EXCELENTÍSSIMO SENHOR DOUTOR JUIZ DE DIREITO DA _____ VARA CRIMINAL DA COMARCA _____ DO ESTADO _____

EXCELENTÍSSIMO SENHOR DOUTOR JUIZ FEDERAL DA _____ VARA CRIMINAL DA SUBSEÇÃO _____ SEÇÃO JUDICIÁRIA DO ESTADO _____

EXCELENTÍSSIMO SENHOR DOUTOR JUIZ DE DIREITO DA _____ SECRETARIA DO JUIZADO ESPECIAL CRIMINAL DA COMARCA _____ DO ESTADO _____

EXCELENTÍSSIMO SENHOR DOUTOR JUIZ DE DIREITO DO _____ JUIZADO ESPECIAL DE VIOLÊNCIA DOMÉSTICA E FAMILIAR CONTRA A MULHER DA COMARCA _____ DO ESTADO _____

— 1.2.1 —
Titularidade da ação penal

A propositura da ação penal de iniciativa privada cabe ao próprio ofendido, denominado *querelante*, quando este for capaz. De acordo com o princípio da oportunidade e conveniência, deve ser avaliado se é o caso de dar início ao processo contra o autor do fato, chamado de *querelado*.

É possível também, nos casos de morte do ofendido ou quando declarado ausente por decisão judicial, que o direito de queixa ou de prosseguir na ação penal passe ao seu representante legal, conforme o disposto no art. 31 do CPP, quais sejam, cônjuge, ascendente, descente ou irmão.

Nesses casos, comparecendo mais de uma pessoa que detenha o direito de queixa, segue-se o art. 36 do CPP sobre a ordem de preferência, segundo o qual, primeiramente, será do cônjuge e, na sequência, do parente mais próximo em relação à ordem disposta no art. 31 do mesmo Código. Caso haja desistência de prosseguir (desistência ou abandono do processo), qualquer um dos indicados pode ser o representante legal.

Existem, porém, outros casos em que será necessária a representação. Diante de um ofendido menor de 18 anos ou incapaz, no qual o direito de queixa será realizado por intermédio do representante legal, conforme determinação do art. 30 do CPP, 2ª parte, "ou a quem tenha qualidade para representa-lo caberá intentar a ação penal privada", o direito de queixa deve ser "exercido pelo representante legal (pais, tutor, curador, guardião legal), independente da vontade da vítima" (Avena, 2020, p. 268).

Na hipótese de conflito de interesses, deve ser nomeado curador especial, de ofício ou a requerimento do Ministério Público, pelo juiz competente para o processo penal, o qual não estará obrigado a realizar a apresentação da queixa-crime, em razão de sua não obrigatoriedade (Lopes Júnior, 2020).

Pode ainda ser titular da persecução penal a pessoa jurídica, ante a possibilidade de serem vítimas de crimes, tendo, inclusive, previsão legal no art. 37 do CPP, ao dispor que "as fundações, associações ou sociedade legalmente constituídas poderão exercer a ação penal", trazendo o referido artigo a obrigação de estarem representadas "por quem os respectivos contratos ou estatutos designares ou, no silêncio destes, pelos seus diretores ou sócios-gerentes", hipótese que não restringe à iniciativa privada exclusiva, mas também engloba a subsidiária da pública (Avena, 2020, p. 269).

Para identificar quem está apresentando a peça, deve ser realizada a qualificação do querelante, a qual precisa ser completa, apresentando todos os dados de identificação do ofendido. A fim de que possa cumprir com a exigência e diante da ausência de dispositivos que estabeleçam a referida forma de qualificação, podemos nos utilizar, para fins didáticos, do art. 319, inciso II, do Código de Processo Civil (CPC) – Lei n. 13.105, de 16 de março de 2015:

> I – Os nomes, os prenomes, o estado civil, a existência de união estável, a profissão, o número de inscrição no Cadastro de Pessoas Físicas ou no Cadastro Nacional da Pessoa Jurídica, o endereço eletrônico, o domicílio e a residência do autor [...];

Cabe a ressalva que, na esfera penal, não há a obrigatoriedade de indicar o endereço eletrônico, sendo realizada da seguinte forma:

Modelo de qualificação do querelante

NOME COMPLETO, _____ [nacionalidade], _____ [estado civil], _____ [profissão], RG n. _____, inscrito no CPF sob o n. _____, residente e domiciliado à rua _____, n. ___, Bairro _____, Cidade _____, Estado _____, CEP _____.

No que se refere à qualificação do querelado, devemos observar o art. 41 do CPP, que determina que a queixa tenha a qualificação do acusado no caso da queixa-crime do querelado, podendo ser utilizadas as mesmas regras de qualificação previstas no CPC.

Contudo, em algumas situações, há a impossibilidade de identificação do acusado com seu verdadeiro nome ou outros qualificativos, de sorte que tal situação foi prevista no CPP, em seu art. 259, informando que, nessas situações, a impossibilidade de identificação do acusado não retardará a ação penal, podendo ser apresentados esclarecimentos pelos quais se possa identificá-lo, sendo certa a identidade física, já que, a qualquer tempo, no curso do processo, do julgamento ou na fase de execução, é possível realizar a retificação, por termo, nos autos, sem prejuízo da validade dos atos que forem praticados.

— 1.2.2 —
Capacidade postulatória

Para que seja possível a apresentação da queixa-crime, faz-se necessária a representação do procurador com capacidade postulatória, haja vista que "a legitimação *ad causam* (titularidade, em tese, do direito) e a capacidade processual – ou seja, capacidade de estar em juízo – não dispensam, entretanto, a exigência de profissional do Direito devidamente habilitado na Ordem dos Advogados do Brasil" (Pacelli, 2020, p. 115).

Ainda, há a exigência de que o procurador esteja munido de procuração com poderes especiais, na qual deve constar o nome do querelante e a menção do fato criminoso, salvo quando os esclarecimentos dependerem de diligências que devem ser realizadas e que dependam do juízo criminal, conforme dispõe o art. 44 do CPP.

Pode ser realizada da seguinte forma:

Modelo de qualificação do procurador

NOME COMPLETO, advogado, regularmente inscrito na OAB/UF sob o n. _____, com escritório profissional situado à rua _____, n. ___, Bairro _____, Cidade _____, Estado _____, CEP _____, com procuração com poderes especiais (em anexo) na forma do art. 44 do CPP.

A insuficiência de recursos financeiros – sendo a pessoa *pobre* na acepção jurídica da palavra aquela que não pode prover as despesas do processo sem privar-se dos recursos indispensáveis ao próprio sustento de sua família (art. 32, § 1º, do CPP) – não pode privar o ofendido de seu direito de ação e de buscar o Judiciário para a condenação daquele que comete determinada infração penal nos casos em que lhe compete a titularidade da persecução penal.

De tal modo, se for o ofendido pobre, o juiz, a requerimento da parte que deve comprovar sua pobreza, nomeará advogado para promover a ação penal, com a ressalva de que a nomeação ocorrerá "onde não houver Defensoria Pública organizada em carreira" (Pacelli, 2020, p. 115).

Por fim, vale salientar que a norma disposta no art. 32, parágrafo 2º, do CPP, que dispõe que será suficiente a prova de pobreza o atestado de autoridade policial em cuja circunscrição residir o ofendido "ou mesmo pelo Chefe do Executivo municipal", foi revogada em razão da Lei n. 1.060/1950, bastando a simples declaração e o requerimento em juízo para nomeação (Pacelli, 2020, p. 115).

— 1.2.3 —
Embasamento legal

A ação de iniciativa privada, como dito anteriormente, pode dividir-se em queixa-crime exclusiva, queixa-crime personalíssima e queixa subsidiária da pública. Abordaremos, aqui, somente a queixa-crime exclusiva, já que a queixa subsidiária da pública será tratada em momento oportuno.

O embasamento legal da peça vem situado antes mesmo do *nomen iuris* com a identificação de qual peça se está apresentando – é o momento em que se identifica, na legislação vigente, a hipótese de cabimento, sendo considerada como "aquelas em que o legislador por motivo de política criminal, estabeleceu ao próprio ofendido o encargo (ou a escolha, como preferir) de processar criminalmente ou não o autor do crime" (Marques et al., 2020, p. 174).

A ação penal de iniciativa privada é a exceção prevista em lei, já que a regra estipulada pelo legislador é de que as ações sejam de iniciativa pública, o que pode ser verificado a partir da leitura do art. 100, *caput*, do CP, ao dispor: "a ação penal é pública, salvo quando a lei expressamente a declara privativa do ofendido".

Para tratamos da ação de iniciativa privada, utilizaremos especificamente do art. 100, parágrafo 2º, do CP, que dispõe que "a ação de iniciativa privada é promovida mediante queixa do ofendido ou de quem tenha qualidade para representá-lo", bem como da previsão do CPP em seu art. 30, que prevê que "ao ofendido ou a quem tenha qualidade para representá-lo caberá intentar a ação privada".

— 1.2.4 —
Fatos e fundamentos

Realizada a parte inicial da peça, passa-se, primeiramente, para os **fatos**, devendo ser apresentada a narrativa fática do episódio. A exigência para a confecção dos fatos é de que seja possível expor o fato criminoso de forma objetiva, a fim de facilitar a compreensão dos acontecimentos, descrevendo-o com todas as circunstâncias (Nucci, 2020).

Nesse momento de escrita da peça, é preciso ter o cuidado de demonstrar todos os elementos do tipo e as circunstâncias que o envolvem (Pacelli; Fischer, 2019).

Essa narrativa tem amparo no art. 41 do CPP, que menciona que a peça deve conter a exposição do fato criminoso, com todas suas circunstâncias, ou seja, a apresentação da descrição minuciosa da ocorrência da infração penal, de modo que seja possível o enquadramento, posteriormente, na parte do direito, na tipificação na qual requer a condenação do querelado. A não observância enseja a inépcia da queixa, na forma do art. 395, inciso I, do CPP.

Após, no tópico do **direito**, é necessário fazer a abordagem de todas as teses de direito material que ensejam a condenação do querelado. O ideal é que sejam separadas em tópicos, a fim de que se possa realizar a subsunção do fato à norma, também conhecido como *silogismo jurídico*, que "consiste na aplicação do método lógico-dedutivo ao saber jurídico" (Guandalini, 2011, p. 154), tendo a lei "como premissa maior, o caso concreto sob análise como premissa menor, e extraindo-se da relação entre eles uma conclusão que consiste na consequência jurídica a ser aplicada ao caso (comumente uma sanção)" (Guandalini, 2011, p. 154).

— 1.2.5 —
Pedidos e requerimentos

Os pedidos devem ser as conclusões dos tópicos apresentados na parte do direito. Por exemplo, com relação ao cabimento, o pedido deve ser o recebimento da peça, uma vez que presentes os requisitos cabimento e legitimidade.

Para cada um dos tópicos do direito, deve ser formulado um pedido, haja vista que o juiz está adstrito aos pedidos formulados na peça.

Uma das peculiaridades da peça de queixa-crime é a possibilidade de realizar o pedido de fixação de valor mínimo para indenização, na forma do art. 387, inciso IV, do CPP.

Por fim, é importante ressaltar que, nesse momento, deve ser apresentado o rol de testemunhas, se houver, devidamente qualificadas, bem como ser requeridas todas as provas em direito admitidas, sob pena de preclusão.

— 1.3 —
Modelo

Enunciado

Maria, 32 anos de idade, brasileira, RG n. 9.999.999-9, inscrita no CPF sob o n. 111.111.111-11, vendedora na empresa Joias Lindas, situada no Centro de São Paulo, foi chamada pelo colega de trabalho João, 59 anos, brasileiro, solteiro, de "incompetente e burra" após não conseguir fechar uma venda de R$ 500,00 na referida loja. A ofensa foi presenciada por Camila e Juliana, também vendedoras na mesma loja, bem como por pelo menos 10 clientes que estavam na loja. No dia seguinte, depois de Camila informar à supervisora sobre o ocorrido, esta decidiu chamar João para conversar, o qual, após a reunião, prontamente dirigiu-se até Maria e pediu as mais sinceras desculpas, informando que estava passando pelo término de um relacionamento de anos.

Com base na situação hipotética ora relatada, redija, na qualidade de advogado de Maria, a peça processual privativa de advogado pertinente à defesa e aos interesses de sua cliente.

Modelo de peça de queixa-crime

EXCELENTÍSSIMO SENHOR DOUTOR JUIZ DE DIREITO DA ___ VARA DO JUIZADO ESPECIAL CRIMINAL DA COMARCA DE SÃO PAULO – ESTADO DE SÃO PAULO

MARIA, brasileira, _____ [estado civil], vendedora, RG n. 9.999.999-9, inscrita no CPF sob o n. 111.111.111-11, residente e domiciliada à Rua _____, n. _____, Bairro _____, Cidade _____, Estado _____, CEP _____, vem, à presença de Vossa Excelência, por intermédio de _____ [Nome completo], advogado, regularmente inscrito na OAB sob o n. _____, com escritório profissional situado à Rua _____, n. _____, Bairro _____, Cidade _____, Estado _____, CEP _____, com procuração com poderes especiais (em anexo) na forma do art. 44 do Código de Processo Penal, com fundamento no art. 100, parágrafo 2º, do CP, art. 30 do CPP e art. 145 do CP, apresentar:

QUEIXA-CRIME

Em face de JOÃO, brasileiro, solteiro, vendedor, RG n. _____, inscrito no CPF sob o n. _____, residente e domiciliado à Rua _____, n. _____, Bairro _____, Cidade _____, Estado _____, CEP _____, pelos motivos de fato e fundamentos de direito a seguir expostos.

I – DOS FATOS

Trata-se de queixa-crime apresentada pela querelante em face do querelado, objetivando, em síntese, sua condenação pela prática delitiva prevista no art. 140 do CP, com incidência de causa de aumento prevista no art. 141, inciso III, do CP.

A vítima, ora querelante, trabalha como vendedora na empresa Joias Lindas, situada no Centro de São Paulo, e, depois de não conseguir fechar uma venda no valor de R$ 500,00 (quinhentos reais), foi chamada de "incompetente e burra" pelo seu colega de trabalho João, ora querelado. A ofensa foi presenciada por outras duas funcionárias da loja, Camila e Juliana, bem como pelos clientes que realizavam suas compras, que somavam aproximadamente 10 pessoas, deixando a vítima em situação extremamente constrangedora.

Assim, diante da ocorrência dos fatos, vem a querelante exercer seu direito queixa, a fim de demonstrar a necessidade de condenação do querelado pela prática delitiva cometida, com incidência de causa de aumento.

II – DO DIREITO

[Em cada um dos tópicos do direito, é importante que seja realizada a subsunção do fato à norma, a fim de demonstrar o encaixe perfeito entre o fato e a norma existente, demonstrando a efetiva possibilidade de aplicação e de incidência ao caso. Realizar a subsunção do fato à norma não significa meramente a indicação do artigo ou trazer uma jurisprudência dentro do tópico e realizar o pedido respectivo, mas sim demonstrar a norma, trazer o fato e, por último, realizar o encaixe perfeito trazendo a consequência jurídica. Para fins didáticos, apresentaremos o desenvolvimento da subsunção apenas no primeiro tópico e, nos demais, indicaremos apenas os artigos que devem ser utilizados para embasar a fundamentação jurídica no tópico.]

II.1 – Do cabimento e da legitimidade

De acordo com o art. 100, parágrafo 2º, do CP e art. 30 do CPP, cabe ao ofendido intentar a ação penal privada mediante queixa. Ainda, dispõe o art. 145 do CP que, no caso do cometimento dos crimes contra a honra, a ação penal é realizada mediante queixa do ofendido.

No presente caso, é notório que a querelante teve sua honra maculada, incidindo o querelado em crime tipificado pelo ordenamento jurídico.

Desta feita, considerando que o crime cometido pelo querelado se enquadra nas disposições do CP, sendo classificado como crime contra a honra, bem como que esses crimes se procedem mediante ação penal privada, a querelante tem legitimidade para sua apresentação, sendo a peça perfeitamente cabível.

II.2 – Do prazo decadencial

[Demonstrar o prazo decadencial de 6 meses previsto no art. 103 do CP e no art. 38 do CPP, bem como o início do prazo previsto no art. 10 do CP. Para justificar a apresentação da petição de forma tempestiva, é necessário indicar a data do fato e a data final para apresentação da queixa-crime. Lembre-se de que, aqui, trata-se da contagem de prazo material, em que se inclui o dia de início e se exclui o dia final.]

II.3 – Do crime de injúria

[Indicar o crime de injúria (art. 140 do CP), quando se pode considerar o delito consumado (art. 14, I, do CP), indicando o que ocorreu no caso concreto em relação ao enquadramento da injúria e, ao final, requerendo a condenação pela prática delitiva prevista no artigo anteriormente mencionado.

II.4 – Da incidência da causa de aumento

[Indicar a causa de aumento prevista no art. 141, inciso III, do CP, ressaltando que, no caso, o crime foi praticado na presença de várias pessoas, ou seja, de duas vendedoras da loja e de outros 10 clientes que estavam na loja e que foram identificados. Ao final, requerer a incidência da causa de aumento.]

III – DO PEDIDO

Diante do exposto, requer:

Recebimento e processamento, uma vez que presentes os pressupostos processuais e as condições da ação, bem como por ser tempestiva.

A intimação do querelado para que compareça em audiência preliminar, na forma do art. 72 da Lei n. 9.099/1995.

A condenação do querelado pela prática delitiva prevista no art. 140 do CP.

A incidência de causa de aumento prevista no art. 141, inciso III, do CP.

A produção de todas as provas em direito admitidas, em especial testemunhal, cujo rol segue abaixo.

A fixação de valor mínimo para indenização na forma do art. 387, inciso IV, do CPP.

Termos em que
pede deferimento.

São Paulo, [data]
ADVOGADO
OAB/XX n. XXXXX

ROL DE TESTEMUNHAS:

1) CAMILA _____, _____ [nacionalidade], _____ [estado civil], vendedora, RG n. _____, inscrita no CPF sob o n. _____, residente e domiciliada à Rua _____, n. ____, Bairro _____, Cidade _____, Estado _____, CEP _____.

2) JULIANA _____, _____ [nacionalidade], _____ [estado civil], vendedora, RG n. _____, inscrita no CPF sob o n. _____, residente e domiciliada à Rua _____, n. ____, Bairro _____, Cidade _____, Estado _____, CEP _____.

Capítulo 2

Denúncia

Na denúncia, peça oferecida de forma exclusiva pelo Ministério Público por intermédio do promotor de Justiça, demonstra-se a legitimidade para a persecução penal de iniciativa pública, ou seja, a legitimidade ativa para a ação penal (Lopes Júnior, 2020).

Como visto anteriormente, as infrações penais são processadas mediante ação penal pública (condicionada ou incondicionada) ou privada, sendo possível definir qual delas é cabível a partir do momento em que se identifica a infração penal que foi, ainda que hipoteticamente, cometida. "Deve-se verificar todo o 'Capítulo' e às vezes até o 'Título' no qual estão inseridos o capítulo e a descrição típica" (Lopes Júnior, 2020, p. 243).

> Exemplo de questão que costuma surpreender os concursantes (pois na realidade isso não é nada comum) diz respeito ao delito de furto praticado em prejuízo do cônjuge divorciado ou judicialmente separado, irmão, legítimo ou ilegítimo, tio ou sobrinho com quem o agente coabita. Pela sistemática do art. 155 (e seguintes) do Código Penal, a ação penal é de iniciativa pública incondicionada. Contudo, nesses casos, encontramos lá no art. 182 do CP disciplina diferente: nesses casos, a ação é de iniciativa pública, mas condicionada à representação do ofendido. (Lopes Júnior, 2020, p. 243)

O exemplo demonstra a necessidade de analisar, cuidadosamente, a infração penal que será objeto da pretensão acusatória para que se possa identificar a ação penal correta e a legitimidade ativa.

— 2.1 —
Requisitos e aspectos processuais

Com base na natureza da infração penal, a ação penal divide-se em duas espécies: ação penal pública, podendo ser condicionada ou incondicionada, e ação penal privada, a qual foi objeto de estudo do Capítulo 1.

Antes de adentrar o estudo das ações penais de iniciativa privada, é necessário abordar os princípios comuns entre elas: oficialidade ou investidura, obrigatoriedade, indisponibilidade, indivisibilidade e intranscendência.

O **princípio da oficialidade ou investidura** revela que a ação penal de iniciativa pública é empregada para indicar a titularidade da persecução penal do Ministério Público (Avena, 2020), estando prevista a função institucional no art. 129, inciso I, da Constituição Federal (CF) de 1988 e no art. 257, inciso I, do Código de Processo Penal (CPP) – Decreto-Lei n. 3.689, de 3 de outubro de 1941. Isso significa dizer que somente os membros do referido órgão, seja federal, seja estadual, desde que investidos no cargo, é que poderão oferecer a denúncia (Lopes Júnior, 2020).

Pelo **princípio da obrigatoriedade ou legalidade**, o Ministério Público tem o dever de oferecer a denúncia sempre que estiverem presentes as condições específicas da ação.

São condições da ação: (a) legitimidade de partes, que está relacionada à titularidade da persecução penal; (b) prática de fato aparentemente punível (*fumus comissi deliciti*), ou seja, o legitimado para a persecução penal deve atentar e realizar um juízo de subsunção do fato à norma incriminadora, verificando se está, realmente, diante de uma infração penal para oferecer a pretensão acusatória; (c) punibilidade em concreto, analisando se há alguma causa de extinção de punibilidade prevista no art. 107 do Código Penal (CP) – Decreto-Lei n. 2.848, de 7 de dezembro de 1940 – ou em legislações extravagantes que impeçam a apresentação da peça acusatória; (d) justa causa, que serve como garantia da sociedade em detrimento do abuso do direito de acusar, visto que representa um juízo de verossimilhança que deve ser feito no que se refere à autoria e à materialidade, uma condição indispensável para a apresentação da pretensão acusatória (Lopes Júnior, 2017).

Com relação às condições da ação, não podemos desconsiderar o fato de que parte da doutrina identifica as condições como: possibilidade jurídica do pedido, interesse de agir, legitimidade de partes e justa causa para a ação penal (Badaró, 2014).

Entretanto, não podemos desconsiderar que o processo penal é uma disciplina autônoma, que demanda a identificação de institutos próprios, remetendo a uma antiga teoria geral do processo, que são "retóricas antigas, ultrapassadas" (Silva, 2020), sendo adotadas como "'regras de bolso', utilizadas sem maior reflexão" (Rosa, 2020, p. 131).

Como são extremamente necessárias para o oferecimento da pretensão acusatória, se o promotor identificar que não estão presentes, deve ordenar o arquivamento do inquérito policial ou qualquer outro elemento informático da mesma natureza, conforme disposto no art. 28 do CPP, não dando ensejo à pretensão acusatória. O oferecimento da denúncia sem as condições da ação necessárias impede que "Estado-jurisdição, por meio de seus juízes e tribunais, sequer se pronunciará sobre o mérito do pedido formulado" (Marcão, 2020, p. 265), estando prevista no art. 395, inciso II, do CPP a rejeição da denúncia quando ausente a condição para o exercício da ação penal. O "Ministério Público não é um órgão propulsor cego da ação penal sem que esta esteja embasada nos elementos que lhe são essenciais" (Rangel, 2020, p. 222).

Assim, a hipótese de não oferecimento da denúncia por parte do Ministério Público se verifica quando não estão presentes as condições necessárias, haja vista que o órgão tem a obrigatoriedade de denunciar e, uma vez iniciado o processo, não poderá desistir. Essa impossibilidade de desistência está relacionada ao **princípio da indisponibilidade**.

Tal princípio vem elencado no art. 42 do CPP, que dispõe que "o Ministério Público não poderá desistir da ação penal", o que significa dizer que "o órgão do Parquet, ao ajuizar a ação e conduzir a acusação, não age em interesse próprio. Representa o Estado, titular do direito defendido, que em última análise pertence à sociedade como um todo" (Bonfim, 2019, p. 255).

No que se refere ao **princípio da indivisibilidade**, este nos remete à ideia de que "a ação penal obrigatoriamente deverá ser ajuizada contra todos os autores da infração penal, havendo exceção somente nos casos de separação do processo" (Bonfim, 2019, p. 256).

Segundo entendimento dos tribunais superiores, "tem aplicação pacífica na ação penal de iniciativa privada, mas não nos crimes de ação penal pública" (Lopes Júnior, 2020, p. 245), na qual se observa a divisibilidade da ação penal. Dessa forma, pode o Ministério Público, principalmente em casos mais complexos que envolvem diversos autores da infração penal, apresentar a pretensão acusatória contra os quais tivesse reunido indícios de autoria e materialidade suficientes e, após a continuidade das investigações, de posse de maiores elementos contra os demais autores, realizar o aditamento da denúncia e incluí-los na ação penal (Bonfim, 2019).

Entretanto, não podemos considerar essa hipótese, pois é preciso realizar uma interpretação "sistemática à luz dos princípios da obrigatoriedade e da indisponibilidade. Sendo obrigatória e indisponível a ação pública, não vemos como sustentar sua divisibilidade" (Lopes Júnior, 2020, p. 246).

Por fim, pelo **princípio da intranscendência**, temos a premissa de que "a pena não pode passar da pessoa do condenado, não pode a acusação passar da pessoa do imputado" (Lopes Júnior, 2020, p. 247), trazendo um limite de aplicação da pena.

— 2.1.1 —
Ação penal de iniciativa pública

A ação penal de iniciativa pública, como visto, é dividida em suas espécies: incondicionada e condicionada. O que ambas têm em comum é que são iniciadas mediante a apresentação da denúncia, "instrumento processual específico" (Lopes Júnior, 2020, p. 247) dessa modalidade de ação, que deve ser oferecida exclusivamente pelo Ministério Público, federal ou estadual, a depender das regras de competência.

Ressaltamos que um mesmo crime pode ser enquadrado nas duas formas de ação penal pública, a depender da qualidade da vítima, como, por exemplo, "o crime de estelionato, que com o advento da Lei n. 13.964/2019, passou a depender de representação" (Lopes Júnior, 2020, p. 250), salvo quando "a vítima for a administração pública (direta ou indireta), criança ou adolescente, pessoa com deficiência mental, maior de 70 anos ou incapaz, situações em que a ação penal será pública incondicionada" (Lopes Júnior, 2020, p. 250).

Ação penal de iniciativa pública incondicionada

A *ação penal de iniciativa pública incondicionada* é assim denominada porque é promovida sem "a necessidade de manifestação de vontade de terceira pessoa (representação do ofendido ou requisição do Ministro da Justiça) para sua propositura" (Bonfim, 2019, p. 256).

Essa forma de ação penal constitui a regra e, sempre que a lei penal se mostrar silente, deve ser observada. A única exceção quanto a esse critério é quando o delito perpetrado for em "detrimento do patrimônio ou interesse dos entes políticos

(União, Estados-membros, Distrito Federal ou Municípios), a ação penal, conquanto originariamente privada, será pública (art. 24, § 2º, do CPP)" (Bonfim, 2019, p. 257).

Ação penal de iniciativa pública condicionada

Já a *ação de iniciativa pública condicionada* é assim denominada ante a exigência legal de que depende "a propositura da ação penal pública ao implemento de uma condição, qual seja, a representação do ofendido (ou de quem o represente), ou a requisição do Ministro da Justiça" (Bonfim, 2019, p. 257).

Essa representação funciona como uma espécie de autorização concedida pela vítima ou, nos casos de os crimes serem praticados contra o presidente da República, depende da requisição do Ministro da Justiça para que o Ministério Público possa oferecer a denúncia (Lopes Júnior, 2020).

Nessa espécie de ação penal, é importante salientar que a autorização concedida pelo ofendido constitui uma forma de "proteção da vítima de determinados crimes contra os deletérios efeitos que, eventualmente, podem vir a ser causados pela divulgação pública do fato" (Pacelli, 2020, p. 105).

> Por isso, em razão do que a doutrina convencionou chamar de *strepitus iudicii* (escândalo provocado pelo ajuizamento da ação penal), reserva-se a ela o juízo de oportunidade e conveniência da instauração da ação penal, com o objetivo de evitar

a produção de novos danos em seu patrimônio – moral, social, psicológico etc. – diante de possível repercussão negativa trazida pelo conhecimento generalizado do fato criminoso. (Pacelli, 2020, p. 106)

Como é uma condição de procedibilidade da ação e sua não observância comporta ausência de legitimidade, trata-se de uma das condições da ação para o oferecimento da denúncia. Para tanto, deve ser observada a sistemática dos requisitos de representação quanto ao sujeito, ao objeto e à forma dos atos.

A começar pelo **sujeito**, certo é que quem realiza a representação é a própria vítima/ofendido, maior de 18 anos) ou seu representante legal, conforme determina o art. 24, parágrafo 1º, do CPP, ou seja, do cônjuge, ascendente, descendente ou irmão (art. 31 do CPP). Cabe a ressalva de que o direito de representação, de acordo com o art. 39 do CPP, pode ser exercido pessoalmente ou por intermédio de procurador com poderes especiais.

Nas hipóteses em que o ofendido é menor de 18 anos, cabe ao seu representante legal, que pode ser o "pai, mãe, avós maternos ou paternos, irmão maior de 18 anos e até mesmo os tios que detenham a guarda legal" (Lopes Júnior, 2020, p. 250).

Quanto ao polo passivo da representação "– autor do delito – deve-se esclarecer que a representação não precisa identificar o imputado, até porque essa identificação pode depender da investigação policial a ser realizada a partir dela" (Lopes Júnior, 2020, p. 251).

No que se refere ao **objeto**, "a representação tem por objeto um fato, acrescida da autorização para que o Estado possa proceder no sentido de apurar e acusar a todos os envolvidos nesse fato delituoso" (Lopes Júnior, 2020, p. 252).

Já no que diz respeito à **forma dos atos**, a representação pode ser realizada mediante declaração, tanto oral quanto escrita, diretamente ao juiz, ao órgão do Ministério Público ou à autoridade judicial, em consonância ao art. 39 do CPP. Quando feita oralmente, ou mesmo escrita, mas sem a assinatura autenticada do ofendido, do representante legal ou do procurador, deve ser reduzida a termo perante a autoridade judicial ou policial, com a presença do Ministério Público, quando a ele for dirigida, conforme o parágrafo 1º do mesmo artigo.

Serve a representação como autorização e condição de procedibilidade da ação penal, devendo nela constar todas as informações, a fim de que seja possível realizar a apuração não apenas do fato, mas também da autoria (art. 39, § 2º, do CPP).

Quando esta for oferecida perante a autoridade policial, inicia-se o inquérito policial e, caso não seja o competente, remeterá à autoridade competente para dar seguimento. Na hipótese de ter sido realizada perante o juiz ou reduzida a termo, deve a representação ser encaminhada à autoridade policial para que proceda ao inquérito policial.

Há a possibilidade de o Ministério Público dispensar o inquérito policial, desde que, juntamente à representação, estejam presentes elementos que o habilitem a promover a ação penal, conforme disposto no art. 39, parágrafo 5º, do CPP.

2.1.2
Prazos

No caso de a ação penal ser de **iniciativa pública condicionada à representação**, o ofendido ou seu representante legal precisam cumprir os prazos previstos na legislação para a apresentação da representação.

Segundo o art. 103 do CP e o art. 38 do CPP, o prazo para a representação é de 6 meses. O prazo de representação conta-se a partir do dia em que ocorreu a infração penal, "independentemente da data em que ocorreu o fato" (Cury, 2018, p. 35).

A contagem do prazo deve ser realizada nos moldes do art. 10 do CP, haja vista se tratar de prazo de direito material, sendo incluído o dia de início e excluído o dia final.

Assim, se, por exemplo, determinada infração penal que se procede mediante ação penal pública condicionada à representação ocorrer no dia 5 de abril de 2021, data, inclusive, em que a vítima teve conhecimento da autoria delitiva, este dia será incluído na contagem, pois é o primeiro dia do prazo. Contando-se os dias e os meses pelo calendário comum, bem como excluindo-se o dia final, ou seja, o dia 5 de outubro, retornando um dia, o último dia do prazo para exercício do direito de representação será dia 4 de outubro de 2021.

Importante salientar que, em caso de concurso de crimes, "o prazo para a representação deverá ser computado individualmente para cada delito, da mesma forma que se computa o prazo prescricional nos termos do art. 119 do CP" (Cury, 2018, p. 36).

O não cumprimento do prazo para o exercício do direito de representação enseja a decadência, que é considerada causa de extinção de punibilidade prevista no art. 107, inciso IV, do CP.

É possível a retratação da representação, entretanto, deve ser realizada antes do oferecimento da denúncia, visto que, depois desse momento, será irretratável, conforme disposto no art. 25 do CPP. Contudo, a renúncia à representação nas **ações penais públicas condicionadas** que envolverem violência doméstica e familiar contra a mulher só será admitida na chamada *audiência preliminar*, a ser designada com essa finalidade, perante o juiz, antes do recebimento da denúncia e ouvido o Ministério Público, de acordo com o art. 16 da Lei n. 11.340, de 7 de agosto de 2006.

O prazo para oferecimento da **denúncia** previsto no CPP, em seu art. 46, é de 5 dias estando o réu preso e de 15 dias se o réu estiver solto ou afiançado, a partir da data em que o Ministério Público receber os autos de inquérito policial. Se, no caso de réu solto ou afiançado, houver a necessidade de devolução dos autos de inquérito policial à autoridade policial, os prazos anteriormente mencionados serão contados a partir da data em que o órgão receber novamente os autos de inquérito.

Vimos que pode o Ministério Público dispensar o inquérito policial quando existem elementos suficientes de autoria e de materialidade. Nessa hipótese, a contagem do prazo para o oferecimento da denúncia terá início a partir da data do recebimento das peças e informações ou, então, da representação.

Note-se que o prazo mencionado (5 e 15 dias) é a regra geral, entretanto existem outras legislações que preveem outros prazos e que devem ser seguidos quando estivermos diante de infrações por elas previstas, devendo ser observado cuidadosamente se a legislação penal extravagante traz tal disposição.

Em que pese existir a previsão do prazo para oferecimento da denúncia, não há nenhum óbice a sua não apresentação nesse prazo, visto que o Ministério Público tem "até a prescrição da pretensão punitiva pela pena em abstrato, calculada pela maior pena prevista no tipo penal a partir da análise dos prazos previstos no art. 109 do CP" (Lopes Júnior, 2020, p. 248).

— 2.2 —
Peça processual

A denúncia deve conter os requisitos previstos no art. 41 do CPP, do qual tratamos de modo mais detalhado no Capítulo 1, haja vista se tratar dos mesmos requisitos da queixa, quais sejam:

> a exposição do fato criminoso (descrição da situação fática), com todas as suas circunstâncias (logo, tanto as circunstâncias que aumentem/agravem a pena como também as que diminuam/ atenuem a pena), a qualificação do acusado ou esclarecimentos pelos quais se possa identificá-lo (algo impensável atualmente, pois o inquérito policial serve para apurar a autoria e permitir a perfeita identificação do imputado), a classificação do crime (sua tipificação legal, até porque é um

> reducionismo afirmar que o réu se "defende dos fatos" como explicaremos ao tratar da correlação e do art. 383 do CPP) e, quando necessário, o rol de testemunhas (o que será sempre necessário, salvo situação excepcionalíssima, até porque a pobreza dos meios de investigação e a falta de cientificidade da cultura investigatória fazem com que no Brasil a prova seja essencialmente testemunhal). (Lopes Júnior, 2020, p. 247)

Assim, a peça acusatória deve apresentar a correta delimitação dos acontecimentos, trazendo todos os indicativos de sua ocorrência de forma precisa, e, se houver concurso de agentes na prática da infração penal, devem ser individualizadas as condutas dos agentes, de modo a ter um correto processamento e uma análise pormenorizada dos fatos, não sendo admitida a denúncia genérica.

Os requisitos precisam ser cumpridos, sob pena de inépcia da exordial na forma do art. 395, inciso I, do CPP.

A denúncia será oferecida ao Poder Judiciário. Como regra, será ofertada a um juiz singular, podendo, nos casos de prerrogativa de função, ser dirigida a um Tribunal.

Para o **endereçamento**, ou seja, para indicar o juiz competente para a solução do caso penal, devem ser respeitadas as regras de competência previstas no CPP, podendo ser determinada em razão da pessoa, da matéria e do território (Pacelli, 2020).

Leva-se em conta a pessoa quando estivermos diante de um crime que foi cometido por um indivíduo que tem prerrogativa de função, e, não sendo esse o critério a ser observado, passa-se ao próximo, que é a competência material. Essa segunda forma de identificação de competência é realizada em virtude da titularidade jurídica do bem que foi atingido pela prática da infração penal. Por fim, há a competência territorial.

Modelo de endereçamento

EXCELENTÍSSIMO SENHOR DOUTOR JUIZ DE DIREITO DA ____ VARA CRIMINAL DA COMARCA _____ DO ESTADO _____.

EXCELENTÍSSIMO SENHOR DOUTOR JUIZ FEDERAL DA ____ VARA CRIMINAL DA SUBSEÇÃO _____ SEÇÃO JUDICIÁRIA DO ESTADO _____.

EXCELENTÍSSIMO SENHOR DOUTOR JUIZ DE DIREITO DA ____ VARA DO JÚRI DA COMARCA _____ DO ESTADO _____.

EXCELENTÍSSIMO SENHOR DOUTOR JUIZ FEDERAL DA ____ VARA DO JÚRI DA SUBSEÇÃO _____ SEÇÃO JUDICIÁRIA DO ESTADO _____.

EXCELENTÍSSIMO SENHOR DOUTOR JUIZ DE DIREITO DA ____ SECRETARIA DO JUIZADO ESPECIAL CRIMINAL DA COMARCA _____ DO ESTADO _____.

> EXCELENTÍSSIMO SENHOR DOUTOR JUIZ DE DIREITO DO ___ JUIZADO ESPECIAL DE VIOLÊNCIA DOMÉSTICA E FAMILIAR CONTRA A MULHER DA COMARCA _____ DO ESTADO _____.

Assim, determinada a competência, o endereçamento torna-se uma tarefa mais fácil de ser realizada, por isso a importância do estudo das regras e das competências previstas na legislação.

— 2.2.1 —
Qualificação

Nas ações de iniciativa pública, tanto incondicionadas quanto condicionadas, a titularidade da persecução penal compete ao órgão do Ministério Público; ele figurará no polo ativo da demanda, sempre acompanhando do estado federativo que representa. Nos casos de competência federal, será a denúncia oferecida pelo Ministério Público Federal.

Se a denúncia for oferecida pelo Ministério Público em decorrência de uma infração penal cuja ação penal seja derivada da ação penal pública condicionada à representação, permanece a titularidade da persecução penal sendo do órgão do Ministério Público, mas devendo estar respaldado na autorização do ofendido.

Quanto à qualificação do acusado, o art. 41 do CPP não elenca requisitos mínimos, aceitando, inclusive, sinais físicos que possibilitem sua identificação no caso de não ser possível sua qualificação.

A possibilidade de a denúncia ser realizada com base em elementos mínimos de identificação do acusado é assim realizada a fim de evitar acusações injustas contra pessoas diversas sobre as quais deveria ser apresentada a pretensão acusatória, em observância ao princípio da intranscendência (Nucci, 2020).

Para fins didáticos, é possível que seja utilizado o art. 319 do Código de Processo Civil (CPC) – Lei n. 13.105, de 16 de março de 2015 –, com a ressalva de que, na esfera penal, não há necessidade de endereço eletrônico.

— 2.2.2 —
Embasamento legal

A peça denunciatória encontra base legal nos dispositivos processuais e penais que disciplinam seu oferecimento, quais sejam, art. 100, *caput* e parágrafo 1º, do CP, que trata dos crimes perseguidos mediante ação processual penal de iniciativa pública, e o art. 129, inciso I, da CF de 1988, que atribui ao Ministério Público a iniciativa da ação.

— 2.2.3 —
Fatos e fundamentos

Na prática, as denúncias oferecidas pelo Ministério Público não apresentam a divisão nos tópicos do direito, devendo conter a narrativa dos fatos de modo pormenorizado e demonstrar o encaixe perfeito entre os acontecimentos e a norma típica.

Como todas as peças, a narrativa deve ser elaborada de maneira objetiva, a fim de cumprir os requisitos do art. 41 do CPP, ou seja, a exposição do fato, elencando todas as circunstâncias, e a classificação da infração penal, visando facilitar a compreensão da defesa.

Assim, a peça denunciatória deve demonstrar todos os elementos do tipo e as circunstâncias que o envolvem (Pacelli; Fischer, 2019). Quanto à tipificação, o promotor de Justiça, após a descrição do fato submetido ao juízo, trará a classificação do delito.

Por fim, salientamos que é o momento para que se ofereça o rol de testemunhas. Não o fazendo, ocorrerá a preclusão da produção da prova testemunhal.

— 2.2.4 —
Pedidos e requerimentos

Na denúncia, não há muitas dificuldades na elaboração dos pedidos, considerando que o objeto do processo penal é o fato descrito na inicial, ou seja, a situação de dúvida ou não sobre a aplicação da sanção criminal (Pacelli; Fischer, 2019). Nessa toada, ao contrário dos processos de natureza não criminal, o pedido e a qualificação não delimitam o processo.

> E o pedido, então, seria apenas o provimento condenatória, ainda que equivocada a capitulação jurídica do fato ou o tipo de pena apontado na inicial. Em um processo condenatório, portanto, o pedido é simplesmente este, o de condenação nos termos previstos em Lei (e não na denúncia ou queixa). (Pacelli; Ficher, 2019, p. 111)

Como já mencionado, é preciso arrolar as testemunhas e requerer a respectiva intimação para que compareçam em audiência.

— 2.3 —
Modelo

Enunciado

Consta em documentos que, na manhã (9h35min) do dia 6 de julho de 2020, o denunciado Tício dirigia seu veículo de marca X, modelo Y, cor preta, placa XXX-0000 (documento de fls. 5), perigosamente, pelas ruas da Cidade de Curitiba, colocando em risco a segurança própria e alheia. Em razão do excesso de velocidade, comprovado por perícia realizada na Rua Marechal Deodoro da Fonseca, nas imediações do imóvel n. 10.000, no Centro da

Cidade, a uma velocidade de 120 km/h, veio a colidir com o veículo de marca Z, modelo A, levando a óbito Caio e Mévio, que estavam no veículo atingido (laudo de exame cadavérico de fls. 10). Na ocasião, consta que deixou de prestar socorro às vítimas, empreendendo fuga do local, sendo, posteriormente, em razão das buscas, realizada sua prisão em flagrante, na qual constatou que dirigia sem a devida habilitação e com capacidade psicomotora alterada em razão da influência de álcool (auto de constatação de fls. 12). Finalizadas as investigações, os autos de inquérito policial foram recebidos pelo órgão do Ministério Público em 31 de julho de 2020.

Na qualidade de promotor de Justiça atuante na Cidade de Curitiba/PR, ofereça a peça cabível.

Modelo de denúncia

EXCELENTÍSSIMO SENHOR DOUTOR JUIZ DE DIREITO DA ___ VARA DO JÚRI DA COMARCA DE CURITIBA – ESTADO DO PARANÁ

O MINISTÉRIO PÚBLICO DO ESTADO DO PARANÁ, por intermédio seu Promotor de Justiça ao final assinado, no cumprimento de suas atribuições previstas constitucionalmente, vem, perante este Juízo, na forma da lei, oferecer:

DENÚNCIA

Em face de Tício, _____ [nacionalidade], _____ [estado civil], _____ [profissão], RG n. _____, inscrito no CPF sob o n. _____, residente e domiciliado à Rua _____, n. ___, Bairro _____, Cidade _____, Estado _____, CEP _____, pela prática do seguinte fato delituoso:

Consta do incluso inquérito policial que, em data de 6 de julho de 2020, o denunciado Tício dirigia seu veículo de marca X, modelo Y, cor preta, placa XXX-0000 (documento de fls. 5), perigosamente, pelas ruas da Cidade de Curitiba, a uma velocidade de 120 km/h, velocidade totalmente incompatível com aquela via pública, onde a máxima permitida limita-se a 40 km/h, colocando em risco a segurança própria e alheia.

Consta ainda que, ao se aproximar do numeral 10.000 da referida via, mesmo antevendo que era possível causar o resultado danoso, com visível menosprezo à vida humana, convictos de incorrer no juízo de reprovação social, indiferente aos possíveis resultados que poderiam ocorrer, persistiu em seu intento, assumindo os riscos de causar danos de trânsito com o resultado morte, ocasião em que, por volta das 9h35min, em razão do excesso de velocidade (comprovado por perícia), na Rua Marechal Deodoro da Fonseca, no Centro da Cidade, veio a colidir com o veículo de marca Z, modelo A, levando a óbito Caio e Mévio, que estavam dentro do veículo atingido (laudo de exame cadavérico de fls. 10).

Na oportunidade, foram ouvidas as testemunhas Amadeu e Aparecida, que informaram que o denunciado conduzia seu veículo, em via pública, participando de disputa automobilística não autorizada pela autoridade competente, com um veículo não identificado, motivo que ocasionou a colisão e a morte das vítimas. Após o evento descrito, dolosamente, podendo fazê-lo, deixou de prestar socorro às vítimas, e se evadiu do local, com o intuito de se eximir de suas responsabilidades civis e penais.

Realizadas as buscas pelas imediações, foi efetuada a prisão em flagrante delito do denunciado, encontrando-se preso preventivamente na penitenciária do Estado.

Assim agindo, o denunciado está incurso nas disposições do art. 121, parágrafo 2º, inciso III, do Código Penal (duas vezes), nas disposições dos arts. 304, 305, 308 e 309, todos do Código de Trânsito Brasileiro, tendo as infrações sido praticadas na forma do art. 70 do Código Penal, razão pela qual é oferecida a presente denúncia, pelo que espera que seja recebida, citando os acusados para responderem aos termos do processo. Após a apresentação de resposta à acusação, designada audiência de instrução e julgamento, requer a oitiva das testemunhas abaixo arroladas, imprimindo-se ao presente o rito do procedimento especial do Tribunal do Júri, previsto no art. 406 e seguintes do Código de Processo Penal.

Curitiba, 7 de agosto de 2020.

Promotor de Justiça

ROL DE TESTEMUNHAS:

1) AMADEU, _____ [nacionalidade], _____ [estado civil], _____ [profissão], RG n. _____, inscrito no CPF sob o n. _____, residente e domiciliado à Rua _____, n. ___, Bairro _____, Cidade _____, Estado _____, CEP _____.

2) APARECIDA, _____ [nacionalidade], _____ [estado civil], _____ [profissão], RG n. _____, inscrita no CPF sob o n. _____, residente e domiciliada à Rua _____, n. ___, Bairro _____, Cidade _____, Estado _____, CEP _____.

3) NOME COMPLETO, policial militar que deu atendimento à ocorrência, RG n. _____, inscrito no CPF sob o n. _____, devendo a expedição do mandado ser imediatamente comunicada ao chefe da repartição em que servir, com indicação do dia e da hora marcados, nos termos do art. 221, parágrafo 3º, do Código de Processo Penal.

Capítulo 3

Queixa subsidiária da pública

A peça de queixa subsidiária da pública, também chamada de "*queixa substitutiva* (Lopes Júnior, 2020), *supletiva* (Messa, 2020) ou *acidentalmente privada* (Avena, 2020), "exige uma atenção maior, pois se trata de uma legitimação extraordinária para o ofendido exercer ação penal em um crime que é de iniciativa pública" (Lopes Júnior, 2020, p. 261).

Conforme o art. 100 do Código Penal (CP) – Decreto-Lei n. 2.848, de 7 de dezembro de 1940 –, as ações penais, como regra, têm natureza pública, ou seja, é legitimado à persecução penal o Ministério Público, salvo quando a própria lei prever a declaração privada do ofendido.

Ao analisarmos a denúncia, peça inicial da ação penal pública, seja condicionada, seja incondicionada, a legislação processual penal e outras legislações extravagantes mencionam o prazo processual que deve ser observado pelo Ministério Público, depois de recebidos os autos de inquérito policial, para que ofereça referida peça. Entretanto, a não observância do prazo pelo órgão do Ministério Público não acarreta qualquer prejuízo, devendo apenas oferecê-la dentro do prazo prescricional, sob pena de extinção de punibilidade do agente.

No entanto, quando o Ministério Público não cumpre o prazo previsto na legislação não oferecendo a denúncia, abre-se a possibilidade de o ofendido ou seu representante legal apresentar a ação penal de iniciativa privada, mesmo sendo o crime de titularidade do Ministério Público, dando início ao processo por meio da queixa-crime subsidiária da pública, conforme previsto no art. 100, parágrafo 3º, do CP e art. 29 do Código de Processo Penal (CPC) – Decreto-Lei n. 3.689, de 3 de outubro de 1941.

— 3.1 —
Requisitos e aspectos processuais

Ação processual penal de iniciativa privada subsidiária da pública é a "exceção à regra da titularidade exclusiva do Ministério Público em relação à ação penal pública" (Avena, 2020, p. 279), não havendo qualquer inconstitucionalidade nessa modalidade de ação penal privada, haja vista a permissividade dada pela própria Constituição Federal (CF) de 1988, no art. 5º, inciso LIX, "será admitida ação privada nos crimes de ação pública, se esta não for intentada no prazo legal".

O objetivo é "tutelar o mais amplamente possível os interesses da vítima, seja em razão da repercussão patrimonial eventualmente decorrente da ação criminosa, seja ainda em sede da própria exigência da resposta penal ao ilícito contra ela praticado" (Pacelli, 2020, p. 126).

A legitimação do ofendido ou de seu representante legal para a apresentação da ação penal subsidiária da pública "remonta à Antiguidade, em que, por muito tempo, o sistema processual vigente foi o acusatório privado" (Pacelli, 2020, p. 126). Com o passar do tempo, assumindo um modelo acusatório, afastando do juiz a função acusatória e sendo atribuída ao Ministério Público, com a finalidade de preservar a imparcialidade no julgamento dos casos penais, passou ao Estado a iniciativa penal (Pacelli, 2020).

A possibilidade da ação penal privada subsidiária da pública "nada mais é, então, que o reconhecimento explícito da existência do interesse também privado na imposição de sanção penal ao autor do fato criminoso" (Pacelli, 2020, p. 126), legitimado a partir do "próprio direito de ação, seja atingido pela inércia e inação do órgão estatal acusatório, abre-se ensejo à iniciativa do ofendido, ou, na hipótese de sua morte ou ausência, aos sucessores processuais" (Pacelli, 2020, p. 126), para promover a persecução penal.

A possibilidade surge a partir do momento que em há a ausência de manifestação tempestiva por parte do órgão do Ministério Público. Obviamente, não caracterizará não cumprimento do prazo previsto na legislação para o oferecimento da denúncia, quando tempestivamente pugnar por novas diligências a serem realizadas pela autoridade policial ou quando tenha, após recebidos os autos de inquérito, verificado que não existem as necessárias condições da ação para o exercício da ação e requerer seu arquivamento (Pacelli, 2020).

Nesse último caso, o Ministério Público requer o arquivamento dos autos de inquérito, visto que

> não se poderá intentar a ação subsidiária pela simples razão de que a ação não desloca para o ofendido a titularidade da definição jurídico-penal do fato, mas, sim, e unicamente, a iniciativa

supletiva do exercício da ação penal. E assim é porque, mesmo instaurada a ação subsidiária e oferecida a queixa em substituição à denúncia, em razão da inércia do Ministério Público, poderá este, além de aditá-la, como veremos, repudiá-la e oferecer denúncia substitutiva (art. 29, CPP). (Pacelli, 2020, p. 127)

Assim, é cabível a ação penal subsidiária da pública apenas quando não houver o cumprimento do prazo para oferecimento da denúncia pelo Ministério Público.

E, depois de provocar a jurisdição, não pode o Ministério Público se manifestar sobre a inexistência do crime ou por insuficiência de provas da autoria e materialidade (Pacelli, 2020), sendo realizado dessa forma em razão de não ter sido ofertada inicialmente pelo Ministério Público, modalidade esta regida pelos princípios da ação penal pública, "sendo-lhe inaplicáveis, portanto, institutos próprios da ação penal privada, como o perdão do ofendido e a perempção" (Avena, 2020, p. 279), porém não o afastando da ação penal:

> Aliás, diante de tais disposições, não vemos como aceitar o entendimento de que o Ministério Público ocuparia a posição de simples assistente litisconsorcial na ação privada subsidiária, como se a titularidade pertencesse efetivamente ao querelante. Assim não nos parece. Deferir-se ao querelante a legitimação para o oferecimento da queixa e, assim, da iniciativa penal, não implica o afastamento do parquet da responsabilidade principal pela respectiva ação penal, dado ser permitido a ele até mesmo a ampliação temática da ação, com

> o oferecimento de denúncia substitutiva da queixa, na qual será possível a inclusão de novos fatos e/ou autores ou partícipes, bem como a intervenção em todos os termos do processo (art. 29, CPP). (Pacelli, 2020, p. 127)

Essa ampliação da ação é prevista também no art. 29 do CPP ao dispor que cabe ao Ministério Público "aditar a queixa, repudiá-la e oferecer denúncia substitutiva, intervir em todos os termos do processo, fornecer elementos de prova, interpor recurso e, a todo tempo, no caso de negligência do querelante, retomar a ação como parte principal".

Por fim, vale lembrar que a inércia do Ministério Público não enseja apenas a propositura da ação e a iniciativa privada subsidiária da pública, mas também tem como consequência a possibilidade de "(a) punição administrativa para o promotor ou procurador desidioso; (b) relaxamento ou revogação da prisão" (Messa, 2020, p. 285).

— 3.1.1 —
Prazo

Após a inércia do Ministério Público é que poderá ser instaurada a ação penal privada subsidiária da pública pelo "ofendido, ou seu representante legal, em caso de menoridade e incapacidade, e, na hipótese de sua morte ou ausência judicialmente reconhecida, as pessoas mencionadas no art. 31 do CPP" (Pacelli, 2020, p. 128).

Inicialmente, é preciso observar o escoamento do prazo pelo Ministério Público para o oferecimento da denúncia, que, em regra, é de 15 dias para o réu solto ou afiançado ou de 5 dias para o réu preso, conforme previsto no art. 46 do CPP. Contudo,

> tratando-se de réu preso, o prazo para o oferecimento da denúncia não poderá, em regra, ser prorrogado por meio de requerimentos de novas diligências, como ocorre quando se cuida de réu solto. E assim é porque a estipulação de prazos feita na lei constitui garantia individual de quem ainda não tenha sido condenado por sentença passada em julgado. (Pacelli, 2020, p. 133)

Obviamente, o prazo mencionado é a regra, haja vista a possibilidade de se ter outros prazos, a depender da previsão legal, como, por exemplo, na Lei n. 11.343, de 23 de agosto de 2006, que prevê 10 dias para o oferecimento da denúncia para réu preso ou solto nos casos de prática dos crimes de tráfico de drogas.

A regra de contagem do prazo para o oferecimento da denúncia é a de um prazo de natureza processual, o qual tem início, em geral, a partir do recebimento dos autos de inquérito, excluindo-se o dia de início e incluindo-se o dia final.

A partir do escoamento do prazo processual pelo Ministério Público, abre-se a possibilidade de o ofendido ou seu representante legal apresentarem a queixa subsidiária da pública, passando a correr o prazo decadencial para referida iniciativa, que deve observar o prazo de 6 meses, previsto no art. 38 do CPP e no art. 103 do CP.

— 3.2 —
Peça processual

Um dos requisitos para a formulação da queixa subsidiária é de que seja apresentada a classificação da infração penal, exigência que tem o objetivo, inicialmente, de demonstrar a competência jurisdicional para o julgamento do caso penal, de acordo com a "distribuição de competência constantes da Constituição Federal e das leis de organização judiciária, em que são fixadas varas especializadas para o julgamento de determinadas infrações penais (trânsito, tóxicos, crimes dolosos contra a vida etc.)" (Pacelli, 2020, p. 134). Pode ser realizado da seguinte forma:

Modelo de endereçamento

EXCELENTÍSSIMO SENHOR DOUTOR JUIZ DE DIREITO DA ___ VARA CRIMINAL DA COMARCA _____ DO ESTADO _____

EXCELENTÍSSIMO SENHOR DOUTOR JUIZ FEDERAL DA ___ VARA CRIMINAL DA SUBSEÇÃO _____ SEÇÃO JUDICIÁRIA DO ESTADO _____

EXCELENTÍSSIMO SENHOR DOUTOR JUIZ DE DIREITO DA ___ VARA DO JÚRI DA COMARCA _____ DO ESTADO _____

EXCELENTÍSSIMO SENHOR DOUTOR JUIZ FEDERAL DA ___ VARA DO JÚRI DA SUBSEÇÃO _____ SEÇÃO JUDICIÁRIA DO ESTADO _____

EXCELENTÍSSIMO SENHOR DOUTOR JUIZ DE DIREITO DA ___ SECRETARIA DO JUIZADO ESPECIAL CRIMINAL DA COMARCA ___ DO ESTADO ___

EXCELENTÍSSIMO SENHOR DOUTOR JUIZ DE DIREITO DO ___ JUIZADO ESPECIAL DE VIOLÊNCIA DOMÉSTICA E FAMILIAR CONTRA A MULHER DA COMARCA _____ DO ESTADO

Assim, exige-se que a definição inicial da competência seja apresentada na peça acusatória, com o correto endereçamento a partir das regras de competência.

— 3.2.1 —

Qualificação

Como a peça é de iniciativa privada, o titular da persecução penal é denominado *querelante*, e o indivíduo que estiver no polo passivo é chamado de *querelado*, obedecendo à forma da ação de iniciativa privada.

Assim, do mesmo modo que a queixa-crime, a legitimidade ativa é da vítima ou, no caso de morte ou ausência declarada judicialmente, o direito de queixa passará a ser dos representantes legais elencados no art. 31 do CPP, ou seja, do cônjuge, ascendente, descendente ou irmão.

Com relação ao querelado, deve ser realizada sua qualificação de modo a permitir a citação e a formação da relação jurídico-processual de maneira válida. Contudo, pode ocorrer de não se dispor da informação completa de sua qualificação, sendo autorizado pelo art. 41 do CPP a possibilidade de se trazer esclarecimentos pelos quais se possa identificá-lo.

Em ambas as qualificações, seja do querelante, seja do querelado, na hipótese de se dispor de todos os dados necessários, podemos utilizar de forma didática do art. 319 do Código de Processo Civil, com a ressalva de que, no processo penal, não há a necessidade de indicar endereço eletrônico. Pode ser realizada da seguinte forma:

Modelo de qualificação do querelante e do querelado

NOME COMPLETO, _____ [nacionalidade], _____ [estado civil], _____ [profissão], RG n. _____, inscrito no CPF sob o n. _____, residente e domiciliado à Rua _____, n. _____, Bairro _____, Cidade _____, Estado _____, CEP _____.

— 3.2.2 —
Capacidade postulatória

A queixa subsidiária deve ser apresentada por advogado, "munido de procuração com poderes específicos, que deverá ser anexada à queixa-crime" (Dezem et al., 2021, p. 16), o que significa dizer que, conforme dispõe o art. 44 do CPP, deve "constar do instrumento do mandato o nome do querelante e a menção do fato criminoso, salvo quando tais esclarecimentos dependerem de diligências que devem ser previamente requeridas no juízo criminal". Deve ser realizada da seguinte forma:

Modelo de qualificação do procurador

NOME COMPLETO, advogado, regularmente inscrito na OAB/UF sob o n. _____, com escritório profissional situado à rua _____, n. ___, Bairro _____, Cidade _____, Estado _____, CEP _____, com procuração com poderes especiais (em anexo) na forma do art. 44 do CPP.

— 3.2.3 —
Embasamento legal

O embasamento legal da peça diz respeito aos dispositivos que dispõem sobre o respectivo cabimento, sendo os que "o legislador, por motivo de política criminal, estabeleceu ao próprio ofendido o encargo (ou a escolha, como preferir) de processar criminalmente ou não o autor do crime" (Marques et al., 2020, p. 174).

As regras que orientam a ação penal de iniciativa privada estão previstas no art. 29 do CPP ao mencionar que

> Art. 29. Será admitida ação privada nos crimes de ação pública, se esta não for intentada no prazo legal, cabendo ao Ministério Público aditar a queixa, repudiá-la e oferecer denúncia substitutiva, intervir em todos os termos do processo, fornecer elementos de prova, interpor recurso e, a todo tempo, no caso de negligência do querelante, retomar a ação como parte principal.

Além desse dispositivo, têm guarida no art. 100, parágrafo 3º, do CP, que estabelece que "A ação de iniciativa privada pode intentar-se nos crimes de ação pública, se o Ministério Público não oferece denúncia no prazo legal".

— 3.2.4 —
Fatos e fundamentos

A queixa subsidiária da pública deve observar os requisitos do art. 41 do CPP, apresentando a exposição do fato criminoso com todas as suas circunstâncias, oportunizando os direitos fundamentais do acusado ao contraditório e à ampla defesa, em razão de ter ciência de todas as imputações que foram contra si realizadas:

> Conhecendo com precisão todos os limites da imputação, poderá o acusado a ela se contrapor o mais amplamente possível, desde, então, a delimitação temática da peça acusatória, em que se irá fixar o conteúdo da questão penal. (Pacelli, 2020, p. 129)

A necessidade dessa exposição com todas as circunstâncias ser realizada de maneira pormenorizada, objetiva e correta não se restringe à finalidade de permitir o exercício da defesa por parte daquele que está sendo acusado, mas também inclui propiciar a correta aplicação da lei penal:

na medida em que permite ao órgão jurisdicional dar ao fato narrado na acusação a justa e adequada correspondência normativa, isto é, valendo-nos de linguagem *chiovendiana*, dizer a vontade concreta da lei (subsunção do fato imputado à norma penal prevista no ordenamento). (Pacelli, 2020, p. 129)

É necessário atentar à individualização da conduta diante de um crime praticado em concurso de agentes e quando as condutas não forem realizadas de modo uniforme, delimitando precisamente cada uma das ações praticadas. "É importante lembrar, no ponto, que na participação – adotando-se qualquer teoria que pretenda conceituá-la – a conduta é diversa dos atos de execução do fato criminoso" (Pacelli, 2020, p. 129), sob pena de o juiz, ao final do processo, absolver o partícipe com base na simples demonstração de não ter participado dos atos de execução.

Outro requisito, já tratado na estrutura da peça, foi a da classificação do crime como condição necessária para a fixação da competência inicial do órgão jurisdicional, que fará a apreciação da peça acusatória, o qual também servirá para demonstrar a pretensão punitiva instaurada contra o acusado.

Sua ausência pode justificar a rejeição por inépcia, em razão da não observância do que dispõe o art. 41 do CPP, "não pela impossibilidade de sua correção", mas em virtude da "violação ao princípio da ampla defesa, na medida em que não se pode exigir que o defensor técnico especule sobre todas as possibilidades de enquadramento do fato, para afastar a imputação" (Pacelli, 2020, p. 135).

— 3.2.5 —
Pedidos e requerimentos

Os pedidos devem ser as conclusões dos tópicos apresentados na parte do direito. Por exemplo, com relação ao cabimento, o pedido deve ser o recebimento da peça, uma vez que presentes os requisitos cabimento e legitimidade.

Para cada um dos tópicos do direito deve ser formulado um pedido, haja vista que o juiz está adstrito aos pedidos formulados na peça.

Por fim, é importante ressaltar que, nesse momento, deve ser apresentado o rol de testemunhas, se houver, devidamente qualificadas, bem como requeridas todas as provas em direito admitidas, sob pena de preclusão.

— 3.3 —
Modelo

Enunciado

Em 27 de maio de 2020, por volta das 15 h, nas imediações da Avenida Ipiranga e Avenida São João, na Cidade de São Paulo, Arlecrino Cruz teve seu *notebook* subtraído mediante violência e grave ameaça, por meio do uso de uma faca, por Jercino Sandoval. A situação foi presenciada por populares que passavam pelo local, os quais reconheceram o autor do delito na delegacia. Formalizado o inquérito policial com provas suficientes de indícios de autoria e materialidade, os autos foram finalizados e encaminhados ao Ministério Público para as providencias cabíveis, estando inertes há mais de 60 dias.

Na qualidade de advogado de Arlecrino Cruz, apresente a peça, privativa de advogado, cabível.

Modelo de peça de queixa subsidiária da pública

EXCELENTÍSSIMO SENHOR DOUTOR JUIZ DE DIREITO DA ___ VARA CRIMINAL DA COMARCA DE SÃO PAULO – ESTADO DE SÃO PAULO

ARLECRINO CRUZ, _____ [nacionalidade], _____ [estado civil], _____ [profissão], RG n. _____, inscrito no CPF sob o n. _____, residente e domiciliado à Rua _____, n. ___, Bairro _____, Cidade _____, Estado _____, CEP _____, vem, à presença de Vossa Excelência, por intermédio de NOME COMPLETO, advogado, regularmente inscrito na OAB sob o n. _____, com escritório profissional situado à Rua _____, n. ___, Bairro _____, Cidade _____, Estado _____, CEP _____, com procuração com poderes especiais (em anexo) na forma do art. 44 do CPP, com fundamento no art. 100, parágrafo 3º, do CP e no art. 29 do CPP, apresentar:

QUEIXA-CRIME SUBSIDIÁRIA DA PÚBLICA

Em face de JERCINO SANDOVAL, _____ [nacionalidade], _____ [estado civil], _____ [profissão], RG n. _____, inscrito no CPF sob o n. _____, residente e domiciliado à Rua _____, n. ____, Bairro _____, Cidade _____, Estado _____, CEP _____, pelos motivos de fato e fundamentos de direito a seguir expostos.

I – DOS FATOS

Trata-se de queixa-crime subsidiária da pública apresentada pelo querelante em face do querelado, objetivando em síntese sua condenação pela prática delitiva prevista no art. 157, com incidência de causa de aumento de um terço previsto no parágrafo 2º, inciso VII, do mesmo artigo do Código Penal.

[Em um segundo momento da escrita dos fatos, *é necessário* apresentar a narrativa do fato criminoso, com todas as suas circunstâncias, especificando quando o fato ocorreu, o horário, o local de sua ocorrência, quem praticou, como se desencadeou a conduta de forma pormenorizada, contra quem e se existem provas acerca de sua existência.]

Em razão da finalização dos autos de inquérito que foram encaminhados ao Ministério Público, sem, contudo, o oferecimento da denúncia dentro do prazo legal, vem o querelante apresentar a peça de queixa subsidiária, a fim de demonstrar a necessidade de condenação do querelado pela prática delitiva cometida.

II - DO DIREITO

[Em cada um dos tópicos do direito, é importante realizar a subsunção do fato à norma, a fim de demonstrar o encaixe perfeito entre o fato e a norma existente, caracterizando a efetiva possibilidade de aplicação e de incidência ao caso. Realizar a subsunção do fato à norma não significa meramente a indicação do artigo ou trazer uma jurisprudência dentro do tópico e realizar o respectivo pedido, mas sim indicar a norma, trazer o fato e, por último, realizar o encaixe perfeito apontando a consequência jurídica. Para fins didáticos, faremos o desenvolvimento da subsunção apenas no primeiro tópico e, nos demais, indicaremos apenas os artigos que devem ser utilizados para embasar a fundamentação jurídica no tópico.]

II.1 - Do cabimento e da legitimidade

De acordo com o art. 100, parágrafo 3º, do CP e com o art. 29 do CPP, é admitida a ação penal privada nos crimes que se procedem mediante ação penal pública quando não for oferecida denúncia pelo Ministério Público no prazo legal.

No presente caso, em data de 27 de maio de 2020, por volta das 15 h, nas proximidades da Avenida Ipiranga e Avenida São João, em São Paulo, o querelante, Arlecrino Cruz, teve seu *notebook* subtraído mediante violência e grave ameaça, com o uso de uma faca, empregada por Jercino Sandoval, ora querelado. O cometimento do crime foi presenciado por populares que passavam pelo local e que, posteriormente, fizeram o reconhecimento do autor do roubo em sede policial.

Após a finalização do inquérito policial, os autos foram encaminhados ao Ministério Púbico para a adoção das medidas cabíveis, entretanto, permanecem há 60 dias sem movimentação, motivo pelo qual o querelante torna-se legitimado para a apresentação da queixa-crime subsidiária, sendo esta plenamente cabível.

II.2 – Do prazo decadencial

[Demonstrar o prazo decadencial de 6 meses previsto no art. 103 do CP e no art. 38 do CPP, bem como o início do prazo previsto no art. 10 do CP. Para justificar a apresentação da petição de forma tempestiva, indicar a data do fato e a data final para apresentação da queixa-crime subsidiária da pública. Lembre-se de que aqui se trata da contagem de prazo material, em que se inclui o dia de início e se exclui o dia final.]

II.3 – Do crime de roubo

[Indicar o crime de roubo (art. 157, § 2º, VII, do CP), apontando que ocorreu na forma consumada (art. 14, I, do CP), demonstrando como ocorreram os fatos e, ao final, requerendo a condenação pela prática delitiva prevista no artigo anteriormente mencionado.]

III. DO PEDIDO

Diante do exposto, requer:

a. Recebimento e processamento, uma vez que presentes os pressupostos processuais e condições da ação, bem como por ser tempestiva.
b. A citação do acusado para apresentar resposta à acusação, na forma dos arts. 396 e 396-A do CPP.
c. A condenação do querelado pela prática delitiva prevista no art. 157, parágrafo 2º, inciso VII, do CP.
d. A produção de todas as provas em direito admitidas, em especial testemunhal, cujo rol segue abaixo.

Termos em que
pede deferimento.
São Paulo, [data]
NOME DO ADVOGADO
OAB/XX n. XXXXX

ROL DE TESTEMUNHAS:

1) NOME COMPLETO, _____ [nacionalidade], _____ [estado civil], _____ [profissão], RG n. _____, inscrito no CPF sob o n. _____, residente e domiciliado à Rua _____, n. ___, Bairro _____, Cidade _____, Estado _____, CEP _____.

2) NOME COMPLETO, _____ [nacionalidade], _____ [estado civil], _____ [profissão], RG n. _____, inscrito no CPF sob o n. _____, residente e domiciliado à Rua _____, n. ___, Bairro _____, Cidade _____, Estado _____, CEP _____.

3) NOME COMPLETO, _____ [nacionalidade], _____ [estado civil], _____ [profissão], portador do RG n. _____, inscrito no CPF sob o n. _____, residente e domiciliado à Rua _____, n. ___, Bairro _____, Cidade _____, Estado _____, CEP _____.

Capítulo 4

Resposta à acusação

A peça de resposta à acusação é uma de defesa por excelência. Trata-se da oportunidade na qual o acusado, após a realização da citação, efetuará sua defesa em relação à pretensão acusatória formulada contra ele.

Os procedimentos processuais passaram por muitas modificações com o advento da Lei n. 11.719, de 20 de junho de 2008, que surgiu com a finalidade de concretizar direitos e garantias fundamentais do acusado e de adequar os dispositivos infraconstitucionais à legislação constitucional.

Anteriormente ao procedimento ora vigente, o antigo art. 394 do Código de Processo Penal (CPP) – Decreto-Lei n. 3.689, de 3 de outubro de 1941 – previa que, após o oferecimento da denúncia ou da queixa, a petição de pretensão acusatória seguia para o juiz, que verificaria a existência dos pressupostos processuais e das condições de ação. Se identificasse a presença de todos os requisitos necessários na peça acusatória, designaria dia e hora para proceder ao interrogatório do acusado, determinando, assim, a citação do acusado para comparecer ao interrogatório, bem como a notificação do Ministério Público ou, se fosse o caso, do querelante e do assistente.

Na vigência desses dispositivos antes da alteração dos procedimentos processuais penais, a citação tinha por finalidade formar a relação jurídico-processual, tendo como primeiro ato do processo o interrogatório do acusado.

Diante da necessidade de adequação dos procedimentos à luz dos dispositivos constitucionais, que preveem garantias ao acusado no processo penal, a citação passou a ter como finalidade, única e exclusiva, formar a relação jurídica processual de modo válido, para que o acusado tenha ciência da pretensão acusatória que está sendo formulada contra ele e para que possa apresentar resposta à acusação.

O ato de interrogatório foi, então, realocado no procedimento para acontecer como último ato da audiência de instrução e julgamento, de modo a oportunizar efetivamente o contraditório e a ampla defesa, já que somente é possível sua concretização quando o acusado tem ciência de tudo o que fora dito no processo contra ele, podendo defender-se de todas as alegações e dar sua versão dos acontecimentos ou, se entender necessário, permanecer em silêncio sem que isso seja usado contra si no julgamento do caso penal.

— 4.1 —
Requisitos e aspectos processuais

Nos tópicos apresentados a seguir, analisaremos o momento processual adequado para a apresentação da resposta à acusação, bem como o prazo e a respectiva forma de contagem, as teses que podem ser sustentadas pelo acusado, demonstrando, ao final, o modelo de formulação da peça.

— 4.1.1 —
Cabimento

Após o oferecimento da pretensão acusatória, aos autos seguem conclusos para o juiz e, nessa oportunidade, este decidirá se é o caso de rejeição ou de recebimento da denúncia ou queixa.

O juiz, de modo fundamentado, decidirá sobre a rejeição da denúncia na forma do art. 395 do CPP quando a peça acusatória for inepta, ou seja, quando não se apresenta revestida das formalidades legais (Mossin, 2010); quando estiverem ausentes os pressupostos processuais, que são "todos os elementos de natureza estritamente formal, indispensáveis ao julgamento de mérito" (Tucci, 2002, p. 190), sendo de duas espécies os pressupostos de existência e os de validade; quando estiverem ausentes as condições da ação, ou seja, diante da ausência de fato aparentemente punível, punibilidade em concreto, legitimidade de parte e justa causa (Lopes Júnior, 2020).

Entretanto, não sendo o caso de rejeição liminar da denúncia, o juiz receberá a peça acusatória e "ordenará a citação do acusado" (art. 396 do CPP).

A realização do ato citatório pode ser realizada de forma real ou ficta. A modalidade real constitui a regra prevista no CPP, que somente pode ser recebida por ele (Avena, 2019), sendo possível realizá-la por mandado, carta precatória ou carta rogatória. Já a modalidade ficta ocorre quando o acusado se ocultar para não receber a citação ou por edital na hipótese de estar em local incerto e não sabido.

Independentemente da modalidade a ser realizada, a citação deve ser efetuada de forma válida, sob pena de resultar em uma nulidade processual (Bonfim, 2019).

— 4.1.2 —
Prazo

A citação tem como objetivo "informar e de garantir que a informação" (Lopes Júnior, 2017, p. 543) sobre a pretensão acusatória formulada contra o acusado, oportunizando a concretização do contraditório e da ampla defesa e possibilitando que responda à acusação, por escrito, no prazo de 10 dias (art. 396 do CPP).

Importante salientar que a Defensoria Pública tem prazo em dobro em todas as suas manifestações, o que inclui o prazo para a apresentação de resposta à acusação, conforme preceitua o art. 5º, parágrafo 5º, da Lei n. 1.060, de 5 de fevereiro de 1950 – Lei de Assistência Judiciária:

> Art. 5º O juiz, se não tiver fundadas razões para indeferir o pedido, deverá julgá-lo de plano, motivando ou não o deferimento dentro do prazo de setenta e duas horas.
>
> [...]
>
> § 5º Nos Estados onde a Assistência Judiciária seja organizada e por eles mantida, o Defensor Público, ou quem exerça cargo equivalente, será intimado pessoalmente de todos os atos do processo, em ambas as Instâncias, contando-se-lhes em dobro todos os prazos.

Os prazos processuais serão "contínuos e peremptórios, não se interrompendo por férias, domingo ou dia feriado" (art. 798, *caput*, do CPP), sendo a contagem realizada de modo a não se computar o dia do começo, "incluindo-se, porém, o do vencimento" (art. 798, § 1º, do CPP). E se "terminar em domingo ou dia feriado considerar-se-á prorrogado até o dia útil imediato" (art. 798, § 2º, do CPP).

O início do prazo começa a correr a partir da realização da citação, e não da juntada do mandado aos autos, conforme dispõe a Súmula n. 710 do Supremo Tribunal Federal (STF).

No caso de a citação ter sido realizada por edital e comparecendo o acusado com defensor constituído, "o prazo para a defesa começará a fluir a partir do comparecimento pessoal do acusado ou do defensor constituído" (art. 396 do CPP).

A apresentação da resposta à acusação é obrigatória no processo penal, mas pode ser o caso de o réu, mesmo depois de validamente citado, não apresentar a resposta à acusação, ocasião em que não poderá seguir o trâmite, sob pena de resultar em "nulidade por cerceamento de defesa" (Cury, 2018, p. 162), motivo pelo qual deverá o juiz nomear "defensor para oferecê-la, concedendo-lhe vista dos autos por 10 (dez) dias" (art. 396-A, § 2º, do CPP).

4.1.3
Teses

As teses defensivas possíveis de apresentação na peça de resposta à acusação podem ser classificadas em preliminar de mérito e mérito.

As **preliminares de mérito** "são as questões relativas às condições da ação e aos pressupostos processuais, vale dizer, a situações que deveriam ter conduzido à rejeição liminar da inicial" (Dezem et al., 2021, p. 100), havendo a possibilidade de o réu "alegar fato processual ou de mérito que impede que o juiz aprecie o fato principal ou uma questão principal" (Messa, 2015, p. 136).

Para identificar essas teses preliminares, o ideal é pensar no andamento processual, em suas fases, e verificar as possíveis teses a serem indicadas.

É preciso observar que, pelo procedimento processual penal, quando oferecida a denúncia ou a queixa, os autos vão conclusos para o juiz ao qual foi distribuído o processo, que deverá verificar se a pretensão acusatória formulada conta com os requisitos necessários para que seja dado regular andamento ao processo, com a citação do acusado para a apresentação de resposta à acusação. Entretanto, verificando que a exordial acusatória não apresenta os requisitos suficientes, o juiz realizará de ofício a rejeição da peça com base no art. 395 do CPP:

Art. 395. A denúncia ou queixa será rejeitada quando:

I – for manifestamente inepta;

II – faltar pressuposto processual ou condição para o exercício da ação penal; ou

III – faltar justa causa para o exercício da ação penal.

Entretanto, pode ser o caso de o juiz não reconhecer de ofício as situações que conduziriam à rejeição da denúncia ou da queixa, ocorrendo o recebimento da peça e dando regular prosseguimento ao feito, com a efetiva citação para a apresentação de resposta à acusação. Nesse caso, o réu, por intermédio de seu advogado, quando da apresentação da peça defensiva, pode "argui-las à parte, requerendo a nulidade do processo *ab initio*" (Dezem et al., 2021, p. 100), ensejando, assim, uma rejeição tardia da denúncia.

Na sequência do procedimento, após a apresentação da resposta à acusação, os autos seguem conclusos para o juiz para verificar se o caso posto em julgamento não apresenta nenhuma causa que enseja a absolvição sumária previstas nos incisos do art. 397 do CPP.

Assim, na análise do procedimento e da localização da peça de resposta à acusação em uma ordem cronológica do andamento processual, é essencial que se examine a possibilidade de alegar as teses e os "argumentos que demonstrem o não prosseguimento do processo criminal em razão da presença de um dos motivos ensejadores da absolvição sumária" (Messa, 2015, p. 136), sendo estas as **teses de mérito**:

Art. 397. Após o cumprimento do disposto no art. 396-A, e parágrafos, deste Código, o juiz deverá absolver sumariamente o acusado quando verificar:

I – a existência manifesta de causa excludente da ilicitude do fato;

II – a existência manifesta de causa excludente da culpabilidade do agente, salvo inimputabilidade;

III – que o fato narrado evidentemente não constitui crime; ou

IV – extinta a punibilidade do agente.

Contudo, conforme explica Messa (2015, p. 136), "no caso da extinção de punibilidade, se for a única matéria a ser alegada então não aparece como preliminar", concluindo:

> Ao passo que que se a extinção de punibilidade estiver junto de outra tese que não tenha caráter preliminar, o candidato deve separar a extinção como matéria de ordem pública e preliminar, prejudicial ao exame de mérito, e a outra matéria, como de mérito. (Messa, 2015, p. 136)

Por fim, pode ainda ser alegada a **tese subsidiária de mérito** em razão da possibilidade de o juiz realizar a alteração da classificação do crime no ato em que realizar o recebimento da denúncia:

> O STF, no julgamento do HC 11.5831 (j. 22-10-2013), entendeu que é possível ao magistrado alterar a classificação do crime no momento do recebimento da denúncia. Dessa forma, é possível

pedir a desclassificação do crime na resposta à acusação, quando a qualificação do crime repercute na competência (por exemplo, no caso de desclassificação que gere a remessa dos autos para o juizado especial criminal) ou quando, com a desclassificação, possa surgir algum direito, como é o caso do acordo de não persecução penal (art. 28-A do CPP) ou da suspensão condicional do processo (art. 89 da Lei n. 9.099/95), que pode surgir com a desclassificação. (Dezem et al., 2021, p. 100)

No desenvolvimento das teses jurídicas, tanto preliminares de mérito quanto de mérito ou de desclassificação, deve ser realizada a subsunção do fato à norma, bem como elencadas a doutrina e a jurisprudência pertinentes à temática, a fim de justificar de maneira precisa e perfeita a incidência do caso à norma penal.

— 4.2 —
Peça processual

O endereçamento da peça defensiva é para o juiz que realizou o recebimento da denúncia ou da queixa, o que pode ser feito nos seguintes moldes:

Modelo de endereçamento

EXCELENTÍSSIMO SENHOR DOUTOR JUIZ DE DIREITO DA ___ VARA CRIMINAL DA COMARCA _____ DO ESTADO _____.

EXCELENTÍSSIMO SENHOR DOUTOR JUIZ FEDERAL DA ___ VARA CRIMINAL DA SUBSEÇÃO _____ SEÇÃO JUDICIÁRIA DO ESTADO _____.

EXCELENTÍSSIMO SENHOR DOUTOR JUIZ DE DIREITO DA ___ VARA DO JÚRI DA COMARCA _____ DO ESTADO _____.

EXCELENTÍSSIMO SENHOR DOUTOR JUIZ FEDERAL DA ___ VARA DO JÚRI DA SUBSEÇÃO _____ SEÇÃO JUDICIÁRIA DO ESTADO _____.

EXCELENTÍSSIMO SENHOR DOUTOR JUIZ DE DIREITO DA ___ SECRETARIA DO JUIZADO ESPECIAL CRIMINAL DA COMARCA _____ DO ESTADO _____.

EXCELENTÍSSIMO SENHOR DOUTOR JUIZ DE DIREITO DO ___ JUIZADO ESPECIAL DE VIOLÊNCIA DOMÉSTICA E FAMILIAR CONTRA A MULHER DA COMARCA _____ DO ESTADO _____.

Ressaltamos que, mesmo tendo sido oferecida pelo Ministério Público ou apresentada pelo querelante perante juiz incompetente, deve o defensor submeter a resposta à acusação ao juízo perante o qual está tramitando o processo, elencando como uma de suas teses a incompetência do juízo para apreciação e julgamento do caso penal.

— 4.2.2 —
Qualificação

A qualificação a ser indicada é a do réu, ou seja, contra quem foi formulada a pretensão acusatória, visto que a peça será apresentada em seu nome com o objetivo de se defender dos fatos que estão sendo alegados na exordial acusatória. Deve o defensor, quando da confecção da peça, apresentar todos os dados do acusado: nome completo, nacionalidade, estado civil, profissão, número do RG e do CPF, bem como endereço completo, indicando, ao final, o CEP. Pode ser realizada da seguinte forma:

Modelo de qualificação do réu

NOME COMPLETO, _____ [nacionalidade], _____ [estado civil], _____ [profissão], residente e domiciliado à rua _____, n. ____, Bairro _____, Cidade _____, Estado _____, CEP _____.

A necessidade de qualificação completa se justifica porque o acusado deve ser intimado de modo pessoal sobre todos os atos processuais, a fim de que possa participar e se defender daquilo que está sendo acusado.

— 4.2.3 —
Capacidade postulatória

Após a citação, o acusado deve apresentar a peça de resposta à acusação, a qual será, obrigatoriamente, interposta por meio de defensor. Essa obrigatoriedade decorre da "indisponibilidade do direito de defesa e da necessidade de estar ele assessorado por pessoa dotada de capacitação técnica para tornar efetivo o exercício desse direito" (Avena, 2020, p. 105).

A Constituição Federal (CF) de 1988 tem tópico destinado para tratar "Da advocacia", estabelecendo, em seu art. 133, que "o advogado é indispensável à administração da justiça", e, tendo em vista sua importância, a Lei n. 8.906, de 4 de julho de 1994 (Estatuto da Advocacia e a Ordem dos Advogados do Brasil) fez a mesma menção em seu art. 2º.

Conforme dispõe o art. 2º, parágrafo 1º, da Lei n. 8.906/1994, "no seu ministério privado, o advogado presta serviço público e exerce função social", bem como sua contribuição no processo judicial é para a "postulação de decisão favorável ao seu constituinte, ao convencimento do julgador, e seus atos constituem múnus público".

Revela-se, assim, a importância do advogado na defesa dos interesses dos clientes, já que "o próprio nome do advogado soa como um grito de ajuda. *Advocatus, vocatus ad*, chamado a socorrer" (Carnelutti, 2009, p. 33), com a garantia do direito de defesa presente em todos os textos constitucionais existentes (Marcão, 2020).

A necessidade da presença do defensor no processo penal é, também, disposta no art. 261 do CPP: "nenhum acusado, ainda que ausente ou foragido, será processado ou julgado sem defensor", o que é assegurado por meio das garantias individuais estabelecidas pelos princípios da "autodefesa, defesa técnica e defesa efetiva" (Pacelli; Fischer, 2019, p. 666), que se mostram "indispensáveis à configuração de um devido processo legal" (Pacelli; Fischer, 2019, p. 666) e, por isso, é indisponível (Marcão, 2020).

Destacamos que, dessa forma, há a possibilidade da presença de defensor constituído, defensor público, defensor dativo e defensor *ad hoc*.

O **defensor constituído** é o advogado regularmente inscrito nos quadros da Ordem dos Advogados do Brasil (OAB), que é escolhido livremente pelo acusado, sendo constituído de acordo com sua preferência (Pacelli, 2020) para efetuar sua defesa no procedimento. Para formalizar no processo a constituição do advogado, deve ser juntado aos autos o instrumento procuratório, "sob pena de nulidade ou até mesmo inexistência dos atos que vier a praticar" (Avena, 2020, p. 121). O defensor é chamado de *constituído* porque pode o réu, a qualquer momento, pode desconstituir o advogado (Pacelli; Fischer, 2019). Nesse caso, pode ser indicada a capacidade postulatória da seguinte forma:

Modelo de qualificação do defensor constituído

> NOME COMPLETO, advogado, regularmente inscrito na OAB/[UF] sob o n. _____, com escritório profissional situado à rua _____, n. _____, Bairro _____, Cidade _____, Estado _____, CEP _____, procuração em anexo.

No caso de o acusado não ter condições econômicas suficientes para arcar com os honorários advocatícios ou, até mesmo, porque, validamente citado, deixou de comparecer aos autos, e diante da necessidade da presença de um defensor para patrocinar sua defesa, deve-se recorrer à assistência do **defensor público**, membro da Defensoria Pública, que é "órgão representativo do modelo constitucional de assistência jurídica estatal, com profissionais jurídicos proporcionados pelo Estado" (Rosa, 2020, p. 499).

Entretanto, em razão da possibilidade de que, em algumas comarcas, o número de defensores seja insuficiente para a defesa, há a previsão de que o juiz pode nomear **defensor dativo**, um advogado regularmente inscrito nos quadros da OAB. "Normalmente, os juízos mantêm lista de profissionais que se apresentam voluntariamente para atuar como dativos" (Pacelli; Fischer, 2019, p. 674), sendo de inteira responsabilidade dos juízes a nomeação do defensor para atuação no caso penal e, assim, "pode e deve o juiz promover a sua substituição no curso do processo, caso verifique qualquer deficiência na sua atuação" (Pacelli; Fischer, 2019, p. 674), ocasião em que a capacidade postulatória pode ser indicada da seguinte forma:

Modelo de qualificação do defensor dativo

NOME COMPLETO, advogado, regularmente inscrito na OAB/[UF] sob o n. _____, nomeado por este d. Juízo à seq. e/ou mov...,

Há, ainda, a figura do **defensor *ad hoc***, que é nomeado em forma de substituição ao defensor já existente, mas para a prática de um ato específico no processo. A regra é que o defensor, constituído, dativo ou o membro da Defensoria Pública, deve atuar, desde a sua indicação até o final do processo, mas pode ocorrer que, "em determinados atos processuais [...], termina por não comparecer, sem que se tenha conhecimento, naquele momento" (Pacelli; Fischer, 2019, p. 668).

Assim, nos casos "de ausência injustificada, ou de ausência justificada, mas de concreta e válida realização do ato, deve o juiz nomear um advogado que atuará apenas naquele ato" (Pacelli; Fischer, 2019, p. 668).

Na confecção da peça defensiva, é necessário indicar, após a qualificação do acusado, que o petitório está sendo apresentado por defensor, já que este é que tem capacidade postulatória, devendo ser indicada sua qualificação completa.

Por fim, salientamos que a necessidade de qualificação completa se verifica quando o advogado é constituído e dativo, já que o defensor público é membro de carreira, e o *ad hoc* será nomeado em atos como audiências, em razão do não comparecimento do defensor.

— 4.2.4 —
Embasamento legal

O embasamento legal da peça depende do procedimento que estiver sendo seguido. Para os procedimentos ordinário e sumário, o fulcro reside no art. 396 do CPP, que assim dispõe:

> Nos procedimentos ordinário e sumário, oferecida a denúncia ou queixa, o juiz, se não a rejeitar liminarmente, recebê-la-á e ordenará a citação do acusado para responder à acusação, por escrito, no prazo de 10 (dez) dias.

E, também, no art. 396-A do CPP, que indica o que é possível o acusado demonstrar a partir da apresentação da peça de resposta à acusação no procedimento:

> Na resposta, o acusado poderá arguir preliminares e alegar tudo o que interesse à sua defesa, oferecer documentos e justificações, especificar as provas pretendidas e arrolar testemunhas, qualificando-as e requerendo sua intimação, quando necessário.

Vale destacar que o procedimento comum ordinário, que é amplamente previsto no CPP, ou seja, que tem sua disciplina estabelecida de forma completa e minuciosa, pode ser utilizado de modo subsidiário, desde que não haja disposições específicas previstas no próprio CPP ou, então, em legislação especial, que deve ser observada (art. 394, § 2º, do CPP), bem como aplicadas "as disposições dos arts. 395 a 398 [...] a todos os procedimentos penais de primeiro grau, ainda que não regulados" pelo CPP (art. 394, § 4º, do CPP).

Observando o que foi mencionado no parágrafo anterior, verificamos que, no procedimento do Tribunal do Júri, que tem como competência o julgamento dos crimes dolosos contra a vida (art. 74, § 1º, do CPP), a apresentação da peça de resposta à acusação deve ser fundamentada com base no art. 406 do CPP, que dispõe: "O juiz, ao receber a denúncia ou a queixa, ordenará a citação do acusado para responder a acusação, por escrito, no prazo de 10 (dez) dias", e no parágrafo 3º do mesmo artigo, que indica as possibilidades argumentativas e de produção probatória para o réu ao apresentar a referida peça.

— 4.2.5 —
Fatos e fundamentos

Durante a confecção dos fatos na peça defensiva, é preciso atentar para o fato de que os acontecimentos devem ser elencados com o objetivo de já demonstrar, de maneira sintética, o que será abordado no tópico do direito. O ideal é que se realize uma síntese fática com viés argumentativo direcionado para a defesa do acusado, e não simplesmente como mera narrativa fática do que ensejou a apresentação da pretensão acusatória formulada na denúncia ou na queixa.

Segundo o art. 396-A do CPP, a resposta à acusação é o momento oportuno para o réu trazer todas matérias que puder, a fim de resguardar seus direitos e interesses no processo.

A doutrina divide-se no que se refere à verticalização da matéria que fundamentará a defesa apresentada pelo acusado, entendendo, por vezes, que as matérias não são aptas a ensejar a absolvição sumária, uma vez que necessitaria de mais elementos e provas para tanto (Nucci, 2020). No entanto, há também o posicionamento de que é o momento de extrema importância, pois se trata da ocasião em que o réu indicará ao juiz seus argumentos (Nicolitt).

Entendemos que, sendo a resposta à acusação a primeira oportunidade em que o réu comparece ao processo, ela deve ser aproveitada completamente, visto que o processo é "um conjunto de situações processuais dinâmicas, que dão origem a expectativas, perspectivas, chances, cargas e liberação de cargas, pelas quais as partes atravessam rumo a uma sentença" (Lopes Júnior, 2017, p. 721), que poderá ser favorável ou não, e tudo dependerá do quão aproveitadas foram as oportunidades dentro do processo.

Assim, a ideia primordial da resposta à acusação é realizar uma apresentação fática com o objetivo de demonstrar as inópias fáticas e/ou processuais existentes na pretensão acusatória, atendendo aos anseios do réu. Por isso, a atuação do advogado é extremamente necessária e de suma importância, ao passo que pode ser realizada uma defesa técnica e satisfatória ao seu cliente, podendo, inclusive, escolher as teses defensivas a serem apresentadas na resposta à acusação de forma estratégica (Badaró, 2014; Pacelli; Fischer, 2019).

— 4.2.6 —
Pedidos e requerimentos

Os pedidos a serem formulados na peça defensiva dizem respeito ao encerramento das teses apresentadas. É o momento no qual o advogado indica o que foi concluído com a apresentação da tese, seja preliminar, seja de mérito.

É possível formular pedido no sentido de requerer as diligências necessárias para a solução do caso penal e que sejam convenientes para a defesa, a fim de corroborar com a demonstração dos fatos e, por consequência, com a tese defensiva.

Por fim, pode requerer a produção de todas as provas em direito admitidas, especificando qual modalidade de prova anseia produzir. Deve ser indicado, no caso de necessidade da prova testemunhal, o rol das testemunhas que pretende ouvir em juízo, no limite legal previsto para o procedimento, qual seja: 8 testemunhas para o ordinário (art. 401 do CPP); 5 testemunhas para o sumário (art. 532 do CPP); 3 testemunhas para o procedimento sumaríssimo (art. 34 da Lei n. 9.099/1995 – Lei dos

Juizados Especiais Cíveis e Criminais); e 8 testemunhas na primeira fase do procedimento especial do Tribunal do Júri (art. 406, § 2º, do CPP). O rol de testemunhas deve ser obrigatoriamente apresentado na peça de resposta à acusação, sob pena de preclusão (Messa, 2015).

— 4.3 —
Modelo

Enunciado

João, pai de Miriam, esta de 19 anos de idade, estava no quarto do apartamento em que residiam, em Sorocaba (SP) quando escutou um chamado de sua filha pedindo por socorro. Ao se dirigir até a sala, verificou que o vizinho Pedro, amigo de sua filha, da mesma idade, estava agredindo-a de modo violento, em virtude de ciúmes das amizades que mantinha.

Ao verificar que Pedro não cessaria as agressões, decidiu intervir, utilizando dos meios moderados e sem excesso de violência: empurrou-o e tirou-o de cima de sua filha, que estava toda machucada, pedindo para que se retirasse imediatamente de sua residência. A situação foi percebida pelos vizinhos do apartamento da frente.

Pedro com medo de que sua conduta pudesse gerar problemas criminais, decidiu ir até a Delegacia de Polícia mais próxima para narrar os acontecimentos, informando que João o teria agredido.

Após alguns dias de investigação, com a oitiva de todos os envolvidos e das testemunhas presenciais do fato, o Ministério Público do Estado de São Paulo ofereceu denúncia contra João, perante o juiz competente, como incurso na sanção do art. 129, *caput*, do Código Penal. A denúncia foi recebida pelo Juízo que determinou a citação de João, a qual foi cumprida pelo oficial de Justiça da Comarca.

Considerando a situação narrada, na qualidade de advogado de João, apresente a peça jurídica cabível diferente de *habeas corpus*.

Modelo de peça de resposta à acusação

EXCELENTÍSSIMO SENHOR DOUTOR JUIZ DE DIREITO DO ___ JUIZADO ESPECIAL CRIMINAL DA COMARCA DE SOROCABA – ESTADO SÃO PAULO

JOÃO, _____ [nacionalidade], _____ [estado civil], _____ [profissão], portador do RG n. _____, inscrito no CPF sob o n. _____, residente e domiciliado à Rua _____, n. ___, Bairro _____, Sorocaba, São Paulo, CEP _____, vem, à presença de Vossa Excelência, por intermédio de NOME COMPLETO, advogado, regularmente inscrito na OAB/[UF] sob o n. _____, com escritório profissional situado à Rua _____, n. ___, Bairro _____, Cidade _____, Estado _____, CEP _____, com procuração em anexo, com fundamento nos arts. 396 e 396-A do CPP, apresentar:

RESPOSTA À ACUSAÇÃO

Pelos motivos de fato e fundamentos de direito a seguir expostos:

I – DOS FATOS

[Descrever de forma resumida e objetiva os acontecimentos fáticos e processuais até o momento da citação, que enseja a apresentação da resposta à acusação.]

II – DO DIREITO

II.1 – Da tempestividade

[Para justificar a apresentação da petição de forma tempestiva, faz-se necessário indicar a data da citação, primeiro dia do prazo e a data final para apresentação da peça. Como o caso não apresentava as datas da realização, faz-se necessário, em uma prova de concurso público, abrir o tópico de demonstração sobre o conhecimento da forma de contagem processual.]

II.2 – Da legítima defesa

[Neste tópico, é necessário demonstrar que João agiu amparado pela legítima defesa, prevista no art. 25 ou no art. 23, inciso II, do Código Penal, utilizando-se de meios para repelir injusta agressão atual e visando resguardar direito de terceiro (sua sobrinha). Considerando que atuou em manifesta causa excludente da ilicitude, deve-se requerer a absolvição sumária na forma do art. 397, inciso I, do CPP.]

III – DO PEDIDO

Diante do exposto, requer:

a. Recebimento e processamento, uma vez que presentes os pressupostos processuais e condições da ação, bem como por ser tempestiva.
b. A absolvição sumária, considerando que o réu atuou em manifesta causa de excludente de ilicitude, na forma do art. 397, inciso I, do CPP.
d. A produção de todas as provas em direito admitidas, em especial testemunhal cujo rol segue abaixo.

Termos em que
pede deferimento.
[Local], [data]
NOME DO ADVOGADO
OAB/[UF] n. XXXXX

Rol de testemunhas:

1. NOME COMPLETO, _____ [nacionalidade], _____ [estado civil], _____ [profissão], RG n. _____, inscrita no CPF sob o n. _____, residente e domiciliada à Rua _____, n. _____, Bairro _____, Cidade _____, Estado _____, CEP _____.

Capítulo 5

Defesa preliminar

Quando do cometimento de uma infração penal, ou seja, a partir da violação de um bem juridicamente protegido pelo ordenamento, o Estado tem o dever de buscar restaurar a ordem jurídica, a paz social, reestabelecer e assegurar aos cidadãos a segurança pública (Tucci, 2002).

Entretanto, a fim de que seja possível a imposição da sanção penal, é essencial que haja a formulação de uma pretensão acusatória e que esta seja submetida ao Poder Judiciário, assegurando ao acusado, pelo cometimento da infração penal, os direitos fundamentais constitucionalmente previstos, quais sejam, o contraditório e a ampla defesa, a fim de que possa o juiz competente para a análise do caso penal proferir, ao final do procedimento, a sentença (Marcão, 2020).

É necessário que o processo siga um procedimento que observe as regras previstas no Código de Processo Penal (CPP) – Decreto-Lei n. 3.689, de 3 de outubro de 1941. Assim, o procedimento pode ser comum ou especial.

O **rito comum** pode dividir-se em ordinário "quando tiver por objeto crime cuja sanção máxima cominada for igual ou superior a 4 (quatro) anos de pena privativa de liberdade" (art. 394, § 1º, I, do CPP); sumário "quando tiver por objeto crime cuja sanção máxima cominada seja inferior a 4 (quatro) anos de pena privativa de liberdade" (art. 394, § 1º, II, do CPP); ou sumaríssimo "para as infrações penais de menor potencial ofensivo" (art. 394, § 1º, II, do CPP), devendo-se observar o que dispõe a Lei dos Juizados Especiais Criminais (Lei n. 9.099/1995).

Já o **rito especial** será adotado quando houver, de forma específica na legislação, processual penal ou extravagante, a indicação da necessidade de ser adotado o procedimento ali previsto. No CPP, é possível encontrar os seguintes procedimentos especiais: Tribunal do Júri, crimes de responsabilidade dos funcionários públicos, crimes contra a honra e crimes contra a propriedade imaterial. Como mencionado anteriormente, existem legislações penais extravagantes que têm a previsão do procedimento penal a ser adotado no caso de cometimento de infração penal, devendo ser observados seus ditames, como, por exemplo: tóxicos (Lei n. 11.343/2006), crimes falimentares (Lei n. 11.101/2006), abuso de autoridade (Lei n. 13.869/2019), crimes eleitorais (Lei n. 4.737/1965), lavagem de dinheiro (Lei n. 9.613/1998), entre outras.

Assim, ao ser realizada a pretensão acusatória, seja pela denúncia, seja pela queixa, o titular da persecução penal verificará o procedimento que deve ser seguido, ou seja, quais as normas reguladoras o processo deve seguir até obter a satisfação da prestação jurisdicional (Lopes Júnior, 2017) com o acertamento do caso penal.

O procedimento nada mais é do que o caminho que o processo vai percorrer desde a apresentação da pretensão acusatória, seja pela denúncia, seja pela queixa, até a sentença final (Rangel, 2019), sendo imperiosa sua observância sob pena de nulidade absoluta, visto que são indisponíveis e necessários para a concretização de direitos do acusado (Lopes Júnior, 2017).

— 5.1 —
Requisitos e aspectos processuais

Nos procedimentos especiais para apuração dos crimes de responsabilidade dos funcionários públicos, previstos no CPP nos arts. 513 a 518, bem como no procedimento adotado para a apuração dos crimes previstos na Lei de Tóxicos – Lei n. 11.343, de 23 de agosto de 2006 –, há um momento processual em que deve ser apresentada a peça de defesa preliminar, a qual será analisada no presente capítulo.

Inicialmente, destacamos que a defesa preliminar não pode ser confundida com a resposta à acusação, visto que o objetivo de sua apresentação é diverso, conforme passaremos a verificar adiante.

— 5.1.1 —
Procedimento

Como a peça de defesa preliminar está presente nos procedimentos especiais dos crimes praticados por funcionário público e na Lei de Tóxicos, faremos uma breve abordagem sobre o andamento processual de ambos, a fim de que se possa entender a finalidade específica da apresentação da peça processual em cada um.

Procedimento especial dos crimes praticados por funcionário público

O procedimento previsto nos arts. 513 a 518 do CPP deve ser adotado sempre que houver o cometimento de uma infração penal por um funcionário público, ou seja, pelo indivíduo que exercer função pública, contra a Administração Pública (Avena, 2020).

Em que pese o CPP mencionar que configura crime de responsabilidade, não se trata das infrações políticas estabelecidas constitucionalmente, mas dos crimes previstos nos arts. 312 a 326 do Código Penal (CP) – Decreto-Lei n. 2.848, de 7 de dezembro de 1940 (Pacelli, 2020).

Como em todos os procedimentos, iniciará com a apresentação da pretensão acusatória, pelo oferecimento de denúncia ou queixa, devendo a exordial observar os requisitos gerais previstos no art. 41 do CPP:

> Art. 41. A denúncia ou queixa conterá a exposição do fato criminoso, com todas as suas circunstâncias, a qualificação do acusado ou esclarecimentos pelos quais se possa identificá-lo, a classificação do crime e, quando necessário, o rol das testemunhas.

Ainda, é necessário que seja "instruída com documentos ou justificação que façam presumir a existência do delito ou com declaração fundamentada da impossibilidade de apresentação de qualquer dessas provas" (art. 513 do CPP).

Na sequência do procedimento, a peça seguirá para apreciação judicial, ocasião em que o juiz "mandará autuá-la e ordenará a notificação do acusado, para responder por escrito, dentro do prazo de quinze dias" (art. 514 do CPP).

Cumpre ressaltar que, "se não for conhecida a residência do acusado, ou este se achar fora da jurisdição do juiz, ser-lhe-á nomeado defensor, a quem caberá apresentar a resposta preliminar" (art. 514, parágrafo único, do CPP).

Diferentemente do procedimento comum ordinário e dos demais que seguem o mesmo trâmite, o juiz não faz a análise do recebimento da peça acusatória, verificando se estão presentes os pressupostos processuais, condições da ação e justa causa. No procedimento em questão, antes mesmo de o juiz se pronunciar sobre o recebimento ou a rejeição da peça acusatória, determinará a notificação do acusado para que possa apresentar a defesa preliminar.

A peça de defesa preliminar "poderá ser instruída com documentos e justificações" (art. 515, parágrafo único, do CPP), tendo o petitório o objetivo de demonstrar a necessidade de rejeição da peça acusatória.

Após sua apresentação, seja por defensor constituído, seja por defensor dativo, no caso de ser desconhecido o endereço do acusado, será encaminhada ao juiz para que possa realizar análise de recebimento ou rejeição.

Será a exordial acusatória rejeitada quando a defesa preliminar demonstrar a "inexistência do crime ou da improcedência da ação" (art. 516 do CPP). E, se assim ocorrer, a rejeição deverá ser realizada por decisão fundamentada, em observância ao que preceitua o art. 93, inciso IX, da Constituição Federal (CF) de 1988.

Entretanto, não sendo o caso de rejeição, entendendo o Juízo pelo recebimento da peça acusatória, "será o acusado citado" (art. 517 do CPP), observando as regras previstas nos arts. 351 a 369 do CPP para apresentação de resposta à acusação, seguindo-se os demais atos do procedimento ordinário, visto sua aplicação subsidiária, conforme determina o art. 518 do CPP, bem como o art. 394, parágrafo 2º, do CPP.

Procedimento especial previsto na Lei de Tóxicos

No que se refere aos crimes previstos na Lei de Tóxicos – Lei n. 11.343/2006 –, a depender da infração penal praticada, estes deverão observar o procedimento da Lei n. 9.099/1995 ou o procedimento previsto na própria Lei n. 11.343/2006.

As infrações dispostas nos arts. 28, 33, parágrafo 3º, e 38 da Lei n. 11.343/2006 são de competência do Juizado Especial Criminal, devendo ser seguido o procedimento disciplinado na referida legislação (Lopes Júnior, 2020). O procedimento da Lei de Tóxicos deve ser adotado quando forem cometidas as infrações penais previstas nos arts. 33 a 39 dessa lei, com exceção dos artigos que devem obedecer ao procedimento da Lei n. 9.099/1995.

Como o objetivo da descrição do procedimento é indicar o momento processual em que será apresentada a defesa preliminar, vamos examinar, a seguir, o procedimento previsto na Lei n. 11.343/2006.

Assim, recebidos os autos de inquérito pelo Ministério Público e este entendendo que estão presentes os requisitos, oferecerá a denúncia no prazo de 10 dias, requerendo as provas que entender pertinentes e arrolando as testemunhas do fato (art. 54, III, da Lei n. 11.343/2006). Deve ser juntado o laudo de contestação provisória firmado por um perito ou pessoa idônea, a fim de demonstrar e caracterizar a materialidade delitiva (Masson; Marçal, 2019).

Ao realizar o oferecimento da peça denunciatória, os autos seguirão para o juiz, que "ordenará a notificação do acusado para oferecer defesa prévia, por escrito, no prazo de 10 (dez) dias" (art. 55, *caput*, da Lei n. 11.343/2006), oportunidade na qual poderá "arguir preliminares e invocar todas as razões de defesa, oferecer documentos e justificações, especificar as provas que pretende produzir e, até o número de 5 (cinco), arrolar testemunhas" (art. 55, § 1º, da Lei n. 11.343/2006).

A obrigatoriedade da apresentação da referida peça vem estampada na Lei n. 11.343/2006 ao dispor, em seu art. 55, parágrafo 3º, que, se "não for apresentada no prazo, o juiz nomeará defensor para oferecê-la em 10 (dez) dias, concedendo-lhe vista dos autos no ato de nomeação". Não sendo oportunizada a apresentação, isso ensejará a nulidade processual em razão da não observância ao contraditório e à ampla defesa (Badaró, 2014), direitos fundamentais do acusado.

Ao receber a defesa apresentada pelo acusado, o juiz decidirá no prazo de 5 dias sobre o recebimento ou não da peça acusatória e, se "entender imprescindível, o juiz, no prazo máximo de 10 (dez) dias, determinará a apresentação do preso, realização de diligências, exames e perícias" (art. 55, § 5º, da Lei n. 11.343/2006).

Entendendo que não é o caso de rejeição da denúncia, o juiz vai recebê-la e designar dia e hora para a realização da audiência de instrução e julgamento, determinando a citação do acusado, "a intimação do Ministério Público, do assistente, se for o caso, e requisitará os laudos periciais" (art. 56, Lei n. 11.343/2006).

No dia e na hora designados para a audiência de instrução e julgamento, "procederá ao interrogatório, inquirição das testemunhas de acusação, defesa, debate oral e sentença em audiência (ou no prazo de 10 dias)" (Lopes Júnior, 2020).

— 5.1.2 —
Prazo

O prazo processual a ser observado para a apresentação da defesa preliminar depende da infração penal cometida e do procedimento a ser adotado.

Diante do procedimento dos **crimes praticados por funcionário público** contra a Administração Pública, o acusado será notificado para apresentar a defesa preliminar no prazo de 15 dias.

Se a infração penal cometida observar a **Lei de Tóxicos** (Lei n. 11.343/2006), o acusado será notificado e deverá apresentar a defesa prévia no prazo de 10 dias.

A forma de contagem do prazo deve obedecer ao que estabelece o art. 798, *caput* e parágrafos, do CPP, onde será contínua, não suspendendo em finais de semana ou feriados, sendo o prazo contado excluindo-se o dia de início e incluindo-se o dia final.

No que se refere ao início do prazo, o *dies a quo*, a contagem ocorre a partir "da data da intimação, e não da juntada aos autos do mandado ou da carta precatória ou de ordem", conforme estabelece a Súmula n. 710 do Superior Tribunal Federal (STF).

Destacamos que, quando a intimação for realizada na sexta-feira, não iniciará no sábado ou no domingo, "o prazo judicial terá início na segunda-feira imediata, salvo se não houver expediente, caso em que começará no primeiro dia útil que se seguir" (Súmula n. 310 do STF).

Já o prazo final, o *dies ad quem*, se finalizar em dia não útil, será prorrogado ao próximo dia útil seguinte.

— 5.2 —
Peça processual

A peça observa as regras gerais das petições simples, aquelas que são apresentadas de forma única, ou seja, quando não há uma peça de interposição e outra de razões (Knippel, 2012), tendo a seguinte estrutura: endereçamento, número dos autos, qualificação do acusado, indicação da capacidade postulatória para a apresentação da peça, fundamento legal, nome da peça, fatos, direito, pedidos e parte final.

A peça deve ser endereçada ao juiz da causa, aquele que tiver realizado a autuação da peça denunciatória (Messa, 2020), que determinará a notificação do acusado para apresentar a defesa preliminar (Knippel, 2012).

Ainda que haja incompetência do Juízo para a apreciação da infração penal em questão, a peça deve ser endereçada a esse Juízo, visto que o endereçamento é realizado ao Juízo que procedeu a autuação, determinou a realização da notificação do acusado, ou seja, é o juízo onde tramitam os autos (Knippel, 2012).

Como a infração penal pode ser de competência estadual ou federal, podem os autos estar tramitando na Justiça Federal ou Estadual. Portanto, o endereçamento pode ser realizado da seguinte forma:

Modelo de endereçamento

EXCELENTÍSSIMO SENHOR DOUTOR JUIZ DE DIREITO DA ___ VARA CRIMINAL DA COMARCA _____ DO ESTADO _____.

EXCELENTÍSSIMO SENHOR DOUTOR JUIZ FEDERAL DA ___ VARA CRIMINAL DA SUBSEÇÃO _____ SEÇÃO JUDICIÁRIA DO ESTADO _____.

— 5.2.1 —
Qualificação

A peça deve conter a qualificação completa do acusado, haja vista ser a primeira oportunidade em que comparece no processo, conforme segue:

Modelo de qualificação do acusado

NOME COMPLETO, _____ [nacionalidade], _____ [estado civil], _____ [profissão], RG sob o n. _____, inscrito no CPF sob o n. _____, residente e domiciliado à rua _____, n. ___, Bairro _____, Cidade _____, Estado _____, CEP _____.

— 5.2.2 —
Capacidade postulatória

Após a notificação do acusado, este deve apresentar a peça de defesa preliminar, obrigatoriamente, por intermédio de defensor, ou seja, por "pessoa dotada de capacitação técnica para tornar efetivo o exercício desse direito" (Avena, 2020, p. 105).

A obrigatoriedade da presença do defensor no processo penal vem estampada no art. 261 do CPP ao mencionar que "nenhum acusado, ainda que ausente ou foragido, será processado ou julgado sem defensor", de modo a proporcionar e configurar "um devido processo legal" (Pacelli; Fischer, 2019, p. 666), sendo, portanto, indisponível (Marcão, 2020).

Destacamos que o defensor pode ser **defensor constituído**, ou seja, pelo advogado regularmente inscrito nos quadros da OAB, escolhido livremente pelo acusado (Pacelli, 2020), podendo a capacidade postulatória ser indicada da seguinte forma:

Modelo de qualificação do defensor constituído

NOME COMPLETO, advogado, regularmente inscrito na OAB/[UF] sob o n. XXXXX, com escritório profissional situado à rua _____, n. ___, Bairro _____, Cidade _____, Estado _____, CEP _____, procuração em anexo.

A peça pode ser apresentada pelo **defensor dativo** quando não houver a apresentação da peça de forma espontânea pelo acusado ou no caso de o acusado não ter condições econômicas suficientes para arcar com os honorários advocatícios (Rosa, 2020). O defensor dativo é o advogado regularmente inscrito nos quadros da OAB, nomeado pelo juiz para proceder a defesa do acusado nos autos de processo (Pacelli; Fischer, 2019), podendo a capacidade postulatória ser indicada da seguinte forma:

Modelo de qualificação do defensor dativo

NOME COMPLETO, advogado, regularmente inscrito na OAB/[UF] sob o n. XXXXX, nomeado por este d. Juízo à seq. e/ou mov...,

— 5.2.3 —
Embasamento legal

O embasamento legal da peça depende do procedimento e da legislação que está sendo observada no caso concreto.

Se a infração penal for cometida por funcionário público em detrimento da Administração Pública, deve a peça ser fundamentada com base no art. 514 do CPP. No entanto, se o procedimento estiver observando o disposto na Lei n. 11.343/2006, em virtude de ter sido praticado um dos crimes previstos na legislação, a peça encontra base legal no art. 55 da referida lei.

— 5.2.4 —
Fatos e fundamentos

Inicialmente, quando da confecção dos fatos, em qualquer que seja o procedimento adotado, devem ser demonstrados os acontecimentos de forma objetiva. A narrativa fática deve ser realizada de modo a facilitar o entendimento sobre os acontecimentos, apresentando todas as circunstâncias (Nucci, 2020) em que estão envoltas (Pacelli; Fischer, 2019).

Podemos adotar como parâmetro do que deve conter a narrativa fática o art. 41 do CPP, que dispõe sobre a necessidade de exposição do fato criminoso, com todas suas circunstâncias, bem como do enquadramento legal da conduta praticada pelo acusado, além de ser preciso já demonstrar o que será abordado nas teses de direito.

Nos fundamentos de direito, como a peça de defesa preliminar é apresentada antes do despacho que decide sobre a rejeição ou o recebimento da peça acusatória, a finalidade é justamente evitar que haja seu recebimento, devendo amparar-se nas hipóteses de rejeição da peça acusatória previstas no art. 395 do CPP:

> Art. 395. A denúncia ou queixa será rejeitada quando:
>
> I – for manifestamente inepta;
>
> II – faltar pressuposto processual ou condição para o exercício da ação penal; ou
>
> III – faltar justa causa para o exercício da ação penal.

Ressaltamos que, na confecção da peça de defesa preliminar em procedimento para apuração de infração penal praticada por funcionário público em detrimento da Administração Pública, será necessário destacar, além do art. 395 do CPP, as teses específicas previstas no art. 516 do CPP, apontando a "inexistência do crime ou da improcedência da ação".

Nos tópicos formulados para o desenvolvimento das teses de direito, deve ser realizada a subsunção do fato à norma, consistente "na aplicação do método lógico-dedutivo ao saber jurídico", indicando a lei "como premissa maior, o caso concreto sob análise como premissa menor, e extraindo-se da relação entre eles uma conclusão que consiste na consequência jurídica" (Guandalini Junior, 2011, p. 154).

— 5.2.5 —
Pedidos e requerimentos

Os pedidos formulados representam a consequência jurídica extraída das teses de direito apresentadas, bem como devem ser contemplados os pedidos concernentes ao andamento processual.

— 5.3 —
Modelo

Modelo de peça de defesa preliminar

EXCELENTÍSSIMO SENHOR DOUTOR JUIZ DE DIREITO DA ___ VARA CRIMINAL DA COMARCA DE _____ - ESTADO

_____

NOME COMPLETO, _____ [nacionalidade], _____ estado civil, profissão _____, RG n. _____, inscrito no CPF sob o n. _____, residente e domiciliado à Rua _____, n. ___, Bairro _____, Cidade _____, Estado _____, CEP _____, vem à presença de Vossa Excelência, por intermédio de NOME COMPLETO, advogado, regularmente inscrito na OAB/[UF] sob o n. XXXXX, com escritório profissional situado à Rua _____, n. ___, Bairro _____, Cidade _____, Estado _____, CEP _____, com procuração em anexo, com fundamento no art. ___, apresentar:

DEFESA PRELIMINAR

Pelos motivos de fato e fundamentos de direito a seguir expostos.

I – DOS FATOS

[Narrar de forma resumida e objetiva os acontecimentos do processo até o presente momento processual que ensejou a apresentação da referida peça.]

II – DO DIREITO

[Em cada um dos tópicos do direito, é importante que seja realizada a subsunção do fato à norma, a fim de demonstrar o encaixe perfeito entre o fato e a norma existente, demonstrando a efetiva possibilidade de aplicação e de incidência ao caso. Realizar a subsunção do fato à norma não significa meramente a indicação do artigo ou trazer uma jurisprudência dentro do tópico e realizar o respectivo pedido, mas sim indicar a norma, trazer o fato e, por último, demonstrar o encaixe perfeito trazendo a consequência jurídica.]

II.1 – Da tempestividade

[Para justificar a apresentação da petição de forma tempestiva, faz-se necessário indicar a data da intimação, primeiro dia do prazo e a data final para apresentação da peça.]

III – DO PEDIDO

Diante do exposto, requer:

a. Recebimento e processamento, uma vez que presentes os pressupostos processuais e as condições da ação, bem como por ser tempestiva.
b. A rejeição da denúncia pela inexistência de provas do fato.

Termos em que
pede deferimento.
[Local], [data]
NOME DO ADVOGADO
OAB/[UF] n. XXXXX

Capítulo 6

Alegações finais por memoriais

A peça *alegações finais por memoriais* recebe esse nome porque é a última manifestação a ser realizada antes de ser proferida a sentença e a decisão da primeira fase do Tribunal do Júri.

É o momento oportuno para que o titular da persecução penal e a defesa do réu façam suas últimas manifestações e pedidos, por isso é uma peça fundamental, devendo ser analisados, minuciosamente, todos os acontecimentos processuais e as teses que foram levantadas no caminhar processual, bem como ter a preocupação com a correta aplicação da lei penal em caso de condenação.

— 6.1 —
Requisitos e aspectos processuais

Para compreender a peça de alegações finais por memoriais, é necessário antes abordar o momento processual em que será apresentada, a fim de que se entenda o que deve ser alegado e como realizar as alegações.

— 6.1.1 —
Procedimento

Em todos os procedimentos, sejam comuns, sejam especiais, deve haver a apresentação de alegações ao final da instrução probatória. Cumpre mencionar que a audiência de instrução e julgamento tem por objetivo a produção de provas, a fim de que as partes demonstrem, a partir delas, as teses jurídicas abordadas nas peças anteriores, além de se tratar do momento necessário para que o juiz possa apreciar as provas e, ao final, prolatar a sentença.

Serve a audiência de instrução para proceder a tomada dos depoimentos da vítima, das testemunhas arroladas pela acusação e pela defesa, devendo ser observado o limite legal de testemunhas que podem ser arroladas pelas partes, o que depende do procedimento a ser adotado.

Ainda, pode ser prestado o depoimento do perito, devendo ter prévio requerimento das partes para sua oitiva durante a audiência de instrução. Também é possível ocorrer a chamada *acareação*, o reconhecimento de objetos e pessoas e, ao final, como último ato da audiência, é realizado o interrogatório do réu, a fim de concretizar os direitos fundamentais do acusado, oportunizando plenamente o contraditório e a ampla defesa.

Segundo dispõe o art. 405, *caput*, do Código de Processo Penal (CPP) – Decreto-Lei n. 3.689, de 3 de outubro de 1941 –, ao final da audiência, deve ser lavrado termo no qual consta um breve resumo dos acontecimentos ocorridos durante a audiência, como, por exemplo, as partes que compareceram, se alguma deixou de comparecer, o que foi realizado, a anotação de pedidos, se foram realizados pelas partes, se o ato foi registrado em áudio e vídeo. Tal termo deve ser assinado pelo juiz e pelas partes.

Sendo a audiência realizada de maneira completa e sem a necessidade de designação de audiência em continuação, ou seja, sem que tenha de ser designada uma nova data, por exemplo, para ouvir as testemunhas não localizadas, e havendo a insistência em seu depoimento ou, então, quando não se trata de caso complexo, com diversos atos "que demandarão várias audiências, seja pelo excessivo número de testemunhas" (Lopes Júnior, 2020, p. 810), bem como sem que as partes tenham realizado pedido de requerimento de diligência, o juiz, então, determinará às partes que façam as alegações oralmente.

Cumpre ressaltar que, após a entrada em vigor da Lei n. 11.719, de 20 de junho de 2008, ocorreu a "aglutinação de todos os atos de instrução numa mesma audiência" (Lopes Júnior, 2020, p. 810), ou seja, todos os atos de instrução devem ser realizados em uma única audiência, porém, como visto, nem sempre é possível que a audiência ocorra em um só ato.

As alegações finais no processo penal têm como regra ser realizadas de modo oral, ao final da audiência de instrução e julgamento, sendo iniciada pela acusação, podendo, assim, ser realizada pelo Ministério Público ou querelante, e seguirá para a apresentação da defesa, réu ou querelado, em que cada um terá o prazo de 20 minutos prorrogáveis por mais 10 minutos (art. 403, *caput*, do CPP). Destacamos que deve ser observada, obrigatoriamente, a ordem para a apresentação das alegações finais orais, iniciando pela acusação para, em seguida, ser ouvida a defesa.

É importante mencionar que é oportunizada, nos procedimentos em que tiver a figura do assistente, a realização das alegações finais orais, inclusive a permissão vem estampada no art. 271 do CPP. Contudo, em razão de sua atuação complementar e subsidiária à do Ministério Público, o tempo a ser concedido ao assistente difere do que é conferido à acusação e à defesa, sendo aferido o prazo de 10 minutos prorrogáveis por mais 10 minutos. Cabe referir, também, que o momento de apresentação das alegações finais orais pelo assistente é após a apresentação pelo Ministério Público.

A última ressalva quanto à apresentação das alegações finais orais é quando houver mais de um réu no processo, pois o art. 403, parágrafo 1º, do CPP dispõe que o tempo será individual para um, oportunizando e concretizando os direitos fundamentais dos acusados no processo penal.

Assim, ao final da audiência de instrução e julgamento, depois de proceder a oitiva de todos aqueles que devem falar, bem como depois de as partes apresentarem as alegações finais de forma oral, o juiz proferirá a sentença, colocando fim à sua atuação jurisdicional.

Entretanto, devemos ter em mente que nem sempre as alegações serão assim apresentadas, podendo ocorrer a forma de exceção, qual seja, a apresentação das alegações finais por memoriais, ou seja, por meio de petição escrita.

A apresentação das alegações por memoriais constitui uma exceção da não ocorrência dos atos de instrução de um único momento. O juiz finalizará a audiência de instrução e julgamento abrindo prazo para as partes apresentarem sua última manifestação de modo escrito nos casos determinados pelo art. 403, parágrafo 3º, do CPP, quais sejam: requerimento de diligências, complexidade do caso ou número elevado de réus no processo.

Inicialmente, as diligências requeridas ao final da instrução pelas partes devem ser apreciadas antes de ser prolatada a sentença ou a decisão final, no caso da primeira fase do Tribunal do Júri. Torna-se imperiosa a juntada de um documento, laudo ou qualquer outra informação, sem o qual não seria possível ao juiz realizar a apreciação do caso penal.

No segundo momento, é possível a apresentação de alegações finais por memoriais se houver a complexidade da causa, o que pode ser entendido como o processo que está apurando a prática de diversas infrações penais, havendo a necessidade de apreciação minuciosa de cada um dos fatos, bem como das provas que foram produzidas, inviabilizando a manifestação de modo oral.

Como última hipótese, pode o juiz determinar que as partes apresentem suas alegações de forma escrita quando houver número elevado de réus no processo, considerando que, conforme determinam as regras do CPP, quando houver mais de um acusado, o tempo para apresentação de alegações finais orais é individual para cada um. Assim, sendo um caso com muitos acusados figurando como réus no mesmo processo, isso impediria, em razão do tempo que seria necessário despender para que todos apresentassem suas manifestações, a realização de modo oral.

Se for o caso de apresentação de alegações finais por memoriais, deve ser realizada a intimação de maneira sucessiva, iniciando-se pela acusação e, posteriormente, intimando-se a defesa. Lembramos da possibilidade de apresentação, também, pelo assistente, que deve fazê-lo após o titular da persecução penal.

Por fim, algumas ressalvas precisam ser realizadas no caso de não serem apresentadas as alegações finais por memoriais. Se a não apresentação ocorrer na ação penal privada subsidiária da pública, o Ministério Público retomará a atuação no processo, retirando do ofendido ou de seu representante a titularidade da persecução penal (Messa, 2015).

Não sendo apresentadas as alegações finais por memoriais na ação penal privada exclusiva, ou no caso de o querelante deixar de realizar pedido de condenação na peça de alegações finais por memoriais, ocorrerá a extinção de punibilidade pela ocorrência de perempção, conforme o art. 107, inciso IV, do Código Penal (CP) – Decreto-Lei n. 2.848, de 7 de dezembro de 1940. O Ministério Público tem a obrigação de apresentar as alegações finais por memoriais, entretanto, caso não o faça, deve "o juiz comunicar o Procurador-Geral, para que este tome as procidências devidas" (Messa, 2015, p. 304).

— 6.1.2 —
Prazo

Finalizada a audiência de instrução e julgamento sem a apresentação de alegações finais orais, visto terem as partes requerido a realização de diligências no processo, sem as quais fica impedida a apreciação completa do caso penal ou, então, havendo complexidade da causa ou número elevado de réus no processo, impedindo a manifestação de modo oral, o juiz concederá o prazo de 5 dias sucessivos para que sejam apresentadas as alegações finais por memoriais (art. 403, § 3º, do CPP).

A legislação processual penal dispõe que o prazo será sucessivo, o que significa que se iniciará pelo Ministério Público e, na sequência, será oportunizada à defesa a apresentação da peça processual.

Sendo a audiência finalizada e havendo a necessidade de realização de diligência requerida por qualquer uma das partes, o juiz finalizará o ato e determinará que sejam realizadas as diligências e, posteriormente, após cumprimento, as partes serão intimadas para a apresentação das alegações finais por memoriais, iniciando-se pelo Ministério Público e, depois de apresentada, será intimada a defesa para que possa oferecê-la. Nesse caso, o prazo de 5 dias previsto na legislação terá início a partir da intimação, conforme preceitua o art. 798, parágrafo 5º, alínea "a", do CPP.

No entanto, se a audiência for finalizada e o juiz entender que o caso é completo ou que há número elevado de réus no processo, determinando que as alegações finais sejam apresentadas em forma de memoriais, as partes já saem intimadas, obedecendo ao que dispõe o art. 798, parágrafo 5º, alínea "b", do CPP.

Salientamos que a contagem dos prazos processuais penais é contínua, "não se interrompendo por férias, domingo ou dia feriado" (art. 798, *caput*, do CPP), sendo realizada de modo que "não se computará no prazo o dia do começo, incluindo-se, porém, o do vencimento" (art. 798, § 1º, do CPP) e "o prazo que terminar em domingo ou dia feriado considerar-se-á prorrogado até o dia útil imediato" (art. 798, § 3º, do CPP).

— 6.2 —
Peça processual

Realizada a abertura de prazo para a apresentação das alegações finais por memoriais, deve o peticionante seguir as regras de confecção das petições simples, ou seja, será apresentada em uma única peça.

Observando a estrutura geral de confecção de petições, deve conter: endereçamento; número dos autos; qualificação do peticionante; fundamentação da peça; nome da peça; fatos; direito; pedidos; e parte final, que compreende a indicação de local e data, advogado e número da OAB.

Como visto anteriormente, o momento da apresentação das alegações finais é ao término da instrução processual, sendo a última manifestação realizada pelas partes. Assim, a peça acusatória já foi recebida pelo juiz ao qual foi inicialmente direcionada, estando o processo em trâmite. O endereçamento pode ser realizado das seguintes formas:

EXCELENTÍSSIMO SENHOR DOUTOR JUIZ DE DIREITO DA ___ VARA CRIMINAL DA COMARCA _____ DO ESTADO _____.

EXCELENTÍSSIMO SENHOR DOUTOR JUIZ FEDERAL DA ___ VARA CRIMINAL DA SUBSEÇÃO _____ SEÇÃO JUDICIÁRIA DO ESTADO _____.

EXCELENTÍSSIMO SENHOR DOUTOR JUIZ DE DIREITO DA ___ VARA DO JÚRI DA COMARCA _____ DO ESTADO _____.

EXCELENTÍSSIMO SENHOR DOUTOR JUIZ FEDERAL DA ___ VARA DO JÚRI DA SUBSEÇÃO _____ SEÇÃO JUDICIÁRIA DO ESTADO _____.

EXCELENTÍSSIMO SENHOR DOUTOR JUIZ DE DIREITO DA ___ SECRETARIA DO JUIZADO ESPECIAL CRIMINAL DA COMARCA _____ DO ESTADO _____.

EXCELENTÍSSIMO SENHOR DOUTOR JUIZ DE DIREITO DO ___ JUIZADO ESPECIAL DE VIOLÊNCIA DOMÉSTICA E FAMILIAR CONTRA A MULHER DA COMARCA _____ DO ESTADO _____.

Quando da confecção da peça, esta será endereçada ao juízo processante, ou seja, o juízo "competente para julgamento da ação penal" (Marques et al., 2020, p. 199).

Por fim, ressaltamos que, mesmo diante de um juízo incompetente e que esta seja uma das teses a serem alegadas, o endereçamento será ao Juízo em que tramitam os autos, haja vista ser ele o competente para o recebimento e a análise dos pedidos ali constantes.

— 6.2.1 —
Qualificação

Para realizarmos a qualificação, é necessário identificar quem apresentará a peça, visto que "tem legitimidade para apresentar os memoriais: o Ministério Público, Defesa e Assistente de Acusação" (Marques et al., 2020, p. 199). Dessa forma, a qualificação inicial será a de quem está apresentando a peça.

Importante mencionar que, quando da apresentação das alegações finais por memoriais, já foram finalizados, inclusive os atos de instrução, e se estivermos representando o réu, este já teve sua aparição no processo, onde, obrigatoriamente, já indicou sua qualificação completa, bem como foi realizado o interrogatório do acusado durante a audiência de instrução e, portanto, já houve a qualificação do réu pela autoridade judiciária antes do efetivo ato de interrogatório, conforme dispõe o art. 185 do CPP.

Logo, se já houve a qualificação do acusado, seja em razão da apresentação de resposta à acusação ou em virtude de seu interrogatório, não há a necessidade de realizar a qualificação completa do réu para a apresentação da peça, bastando indicar, após o nome completo do réu, a expressão: "já qualificado nos autos".

Agora, se não é esse o caso, ou seja, se o réu, de alguma forma, não foi validamente citado, não participou de nenhum ato do processo, inclusive da audiência de instrução e julgamento, será necessário realizar a qualificação completa do acusado na peça de alegações finais por memoriais. Podemos, como nas demais peças indicadas neste livro, utilizar, para fins didáticos do art. 319 do CPC, da seguinte forma:

Modelo de qualificação do réu

NOME COMPLETO, _____ [nacionalidade], _____ [estado civil], _____ [profissão], RG n. _____, inscrito no CPF sob o n. _____, residente e domiciliado à rua _____, n. ___, Bairro _____, Cidade _____, Estado _____, CEP _____.

— 6.2.2 —
Capacidade postulatória

As alegações finais por memoriais podem ser apresentadas pelo Ministério Público, representado pelo promotor de Justiça.

Ainda, pode ser apresentada pelo querelante, assistente, réu ou querelado, ocasião em que todos devem estar representados por advogado regularmente inscrito nos quadros da Ordem dos Advogados do Brasil (OAB). Nesse caso, como não será a primeira aparição nos autos do advogado, não é preciso realizar a qualificação completa, sendo apenas necessário indicar a expressão: "representado por seu advogado".

No entanto, se o réu constituir novo advogado após a audiência de instrução e julgamento, seja no caso de mudança de defensor constituído, seja por alteração de defensor dativo para constituído, é necessário não apenas realizar a juntada da procuração, mas também na peça deve ser indicada a qualificação completa do advogado, o que pode ser realizado da seguinte forma:

Modelo de qualificação do advogado

> NOME COMPLETO, advogado, regularmente inscrito na OAB/UF sob o n. _____, com escritório profissional situado à rua _____, n. _____, Bairro _____, Cidade _____, Estado _____, CEP _____, procuração em anexo.

— 6.2.3 —
Embasamento legal

Como visto anteriormente, a peça de alegações finais por memoriais pode ser apresentada tanto pelos procedimentos comuns quanto pelos procedimentos especiais, demandando máxima cautela quando da indicação do embasamento legal da peça, haja vista que depende do procedimento.

Quando o procedimento adotado for o ordinário, seja porque se amolda à descrição do art. 394, parágrafo 1º, inciso I, do CPP, seja por ser utilizado de maneira subsidiária, ante a ausência de previsão legal no procedimento processual inicialmente adotado, conforme o art. 394, parágrafo 5º, do CPP, que dispõe: "aplicam-se subsidiariamente aos procedimentos especial, sumário e sumaríssimo as disposições do procedimento ordinário", deve ser utilizado, para o embasamento legal da peça, o art. 403, parágrafo 3º, do CPP: "o juiz poderá, considerada a complexidade do caso ou o número de acusados, conceder às partes o prazo de 5 (cinco) dias sucessivamente para a apresentação de memoriais. Nesse caso, terá o prazo de 10 (dez) dias para proferir a sentença".

A fundamentação indicada no art. 403, parágrafo 3º, do CPP deve ser adotada, inclusive, para as alegações finais por memoriais apresentadas na primeira fase do Tribunal do Júri, haja vista que, em que pese ter fundamentação específica do procedimento previsto na legislação, ausente se faz a menção à conversão de alegações finais orais por memoriais.

— 6.2.4 —
Fatos e fundamentos

Inicialmente, no que diz respeito aos fatos, deve-se atentar que, quando da apresentação da peça de alegações finais por memoriais, já passou todo o procedimento, "toda a instrução criminal é examinada unicamente naquele momento, incluindo aquelas objeto de provas técnicas" (Pacelli, 2020, p. 527), sendo a última manifestação das partes antes de ser proferida a sentença ou decisão, esta última no caso da primeira fase do Tribunal do Júri.

Assim, importante mencionar que os fatos devem conter um resumo fático e processual direcionado às teses que serão apresentadas, bem como aos pedidos que serão formulados, a fim de que seja objetiva, dando ênfase ao que realmente importa.

Toda e qualquer petição deve ser redigida com vistas a prender a atenção do julgador, concedendo elementos suficientes e certos para seu convencimento. Qualquer peça extensa acaba por retirar a atenção do juiz quando de sua apreciação, não sendo aproveitada a oportunidade por quem a apresenta.

Portanto, é preciso ter objetividade na escrita dos fatos, bem como utilizá-lo de maneira assertiva, indicando as teses jurídicas que serão dali extraídas, demonstrando evidente, no caso concreto, a possível aplicação do direito apresentado.

No que se refere aos fundamentos de direito que podem ser abordados na peça de alegações finais, é imperioso destacar que "as alegações finais no processo penal ocupam posição do mais alto relevo na estrutura do devido processo legal, particularmente no âmbito do contraditório, mas, sobretudo e especialmente, no da ampla defesa" (Pacelli, 2020, p. 527). Trata-se da última manifestação apresentada pelas partes "e vêm imediatamente antes da sentença" (Marques et al., 2020, p. 200).

A peça a ser apresentada pelo Ministério Público busca a condenação do réu, "demonstrando a adequação do fato concreto ao tipo penal descrito no Código Penal, com todas as possíveis qualificadoras, agravantes e causas de aumento de pena" (Marques et al., 2020, p. 200).

Já a defesa deve buscar "arguir as nulidades relativas (art. 571, I, II e VI), ou seja, aquelas em que o prejuízo deve ser alegado e demonstrado" (Pacelli, 2020, p. 527), bem como "absolvição; afastamento das qualificadoras, das agravantes e das causas de aumento de pena; o reconhecimento de atenuantes e de causas de diminuição de pena, fixação de regime inicial de cumprimento mais benéfico, conversão em penas restritivas de direito e suspensão condicional da pena" (Marques, 2020, p. 200).

Se o procedimento em que a defesa apresentará as alegações finais por memoriais for o do Tribunal do Júri, em sua primeira fase, deve a fundamentação de direito versar sobre "a ocorrência de alguma nulidade, e alegar teses que possibilitem o pedido de impronúncia [...], desclassificação [...] ou absolvição sumária" (Marques et al., 2020, p. 202).

— 6.2.5 —
Pedidos e requerimentos

Os pedidos a serem contemplados na petição devem versar sobre os fundamentos de direitos formulados na peça, sendo uma evidente conclusão da tese, ou seja, é a consequência jurídica atribuída.

E, conforme informado anteriormente, se as alegações finais por memoriais estiverem sendo apresentadas derivando da ocorrência de uma infração em que se procede mediante ação penal privada, é obrigatória a realização de "pedido expresso de condenação, sob penal de perempção, nos termos do art. 60, III do CPP" (Lopes Júnior, 2020, p. 809).

Por fim, importa ressaltar que, nesse momento, como já está finalizada a instrução, não há de se falar em produção de provas nem mesmo em apresentação de rol de testemunhas.

— 6.3 —
Modelo

Enunciado

O réu foi denunciado com base no art. 155 do CP, pois, segundo a denúncia, no dia 16 de setembro de 2019, teria subtraído um aparelho de telefone celular da Loja Eletroeletrônicos Ltda. Recebida a denúncia pelo juiz competente, foi determinada a citação do acusado. Ao realizar a citação, o oficial de Justiça informou sobre o prazo para apresentar defesa. Entretanto, o réu, após a citação realizada de maneira válida, deixou de oferecer resposta à acusação, sob o argumento de que não havia a necessidade de defesa técnica. Assim, decorrido o prazo, o juiz, atendendo aos interesses do réu, não nomeou defensor dativo para o oferecimento de resposta à acusação, encaminhando os autos para realização de audiência de instrução e julgamento. Durante o interrogatório do réu, este informou que nunca praticou o crime, tendo apenas confessado em razão de ter sido coagido, e que, na época dos fatos, estava trabalhando na cidade vizinha, apresentando sua CTPS com o registro, bem como o registro de comparecimento na empresa na referida data. Ao finalizar a audiência, o magistrado abriu prazo para as partes, intimando-as para a apresentação da peça cabível.

Como advogado do réu, levando em conta tão somente os dados contidos no enunciado, elabore a peça cabível.

Modelo de peça de alegações finais por memoriais

EXCELENTÍSSIMO SENHOR DOUTOR JUIZ DE DIREITO DA ___ VARA CRIMINAL DA COMARCA DE _____ - ESTADO

_____

NOME COMPLETO, já qualificado nos autos em epígrafe, vem à presença de Vossa Excelência, por intermédio de seu advogado já constituído, com fundamento no art. 403, parágrafo 3º, do CPP, apresentar:

ALEGAÇÕES FINAIS POR MEMORIAIS

Pelos motivos de fato e fundamentos de direito a seguir expostos.

I – DOS FATOS

Trata-se de alegações finais por memoriais apresentada pelo réu diante do encerramento da audiência de instrução e julgamento.

Consta na denúncia que, no dia 16 de setembro de 2019, o réu teria subtraído um aparelho de telefone celular da Loja Eletroeletrônicos Ltda.

Após o recebimento da denúncia, foi realizada a citação, sem, contudo, apresentação de resposta à acusação pelo acusado, sendo determinada a designação da audiência de instrução e julgamento.

Durante a realização da instrução, o réu informou que nunca praticou o crime, tendo confessado o crime em razão de ter sido coagido. Ainda, afirmou que, na época dos fatos, estava trabalhando na cidade vizinha, apresentando sua CTPS com o registro, bem como o registro de comparecimento na empresa na referida data.

Assim, considerando a finalização da audiência de instrução e o julgamento com a abertura de prazo para as partes se manifestarem, o réu vem demonstrar a necessidade de sua absolvição.

II – DIREITO

[Em cada um dos tópicos do direito, é importante que seja realizada a subsunção do fato à norma, a fim de demonstrar o encaixe perfeito entre o fato e a norma existente, demonstrando a efetiva possibilidade de aplicação e de incidência ao caso. Realizar a subsunção do fato à norma não significa meramente a indicação do artigo ou trazer uma jurisprudência dentro do tópico e realizar o respectivo pedido, mas sim indicar a norma, trazer o fato e, por último, demonstrar o encaixe perfeito trazendo a consequência jurídica. Para fins didáticos, faremos o desenvolvimento da subsunção apenas no primeiro tópico e, nos demais, indicaremos apenas os artigos que devem ser utilizados para embasar a fundamentação jurídica no tópico.]

II.1 – Da tempestividade

De acordo com o art. 403, parágrafo 3º, do CPP, as alegações finais serão apresentadas no prazo de 5 (cinco) dias. Ainda, conforme art. 798, *caput* e parágrafo 1º, do CPP, os prazos são contínuos e peremptórios, não se suspendendo aos finais de semana e feriados.

Considerando que a intimação foi realizada em data _____, excluindo-se o dia de início, a contagem do prazo se inicia na data _____, e incluindo-se o termo final, tem-se como prazo final a data _____. Evidencia-se, assim, sua tempestividade.

II.2 – Da nulidade pela ausência de defesa técnica

[Indicar a necessidade de defesa técnica no processo penal, mesmo diante da informação do réu de que não queria ser representado por advogado, pois é obrigatória a nomeação de defensor para proceder sua defesa, conforme preceitua o art. 396-A, parágrafo 2º, do CPP, constituindo a ausência de defesa técnica nulidade do procedimento na forma do art. 564, inciso III, alínea "c", do CPP.]

II.3 – Da prova documental

[Demonstrar que o réu estava trabalhando quando do cometimento da infração penal, o que pode ser verificado pela CTPS do acusado, justificando, assim, sua absolvição na forma do art. 386, inciso IV, do CPP.]

III – DO PEDIDO

a. Recebimento e processamento, uma vez que presentes os pressupostos processuais e as condições da ação, bem como por ser tempestiva.
b. A nulidade pela ausência de nomeação de defensor para apresentação de defesa técnica, na forma do art. 564, inciso III, alínea "c", do CPP.
c. A absolvição do acusado com fundamento no art. 386, inciso IV, do CPP.

Termos em que
pede deferimento.
[Local], [data].
NOME DO ADVOGADO
OAB/[UF] n. XXXXX

Capítulo 7

Embargos de declaração

A garantia da jurisdição somente se efetiva com a prolação de uma sentença clara, coesa e com a correta fundamentação (Lopes Júnior, 2020). Lembramos que somente as decisões sobre os fatos são tomadas pelo Conselho de Sentença do Tribunal do Júri, eis que o critério de apreciação da prova é a convicção intima.

Dessa forma, para sanar eventuais omissões, contradições, ambiguidades ou obscuridade em decisões judiciais, a lei faculta às partes a oposição de embargos declaratórios (Marcão, 2020).

Cumpre asseverar que o recurso em estudo pode impugnar qualquer decisão judicial proferida, ou seja, interlocutórias, sentenças e acórdãos (Avena, 2020). Nesse sentido, é cabível até para impugnar decisões que são consideradas irrecorríveis, tais como a de recebimento da peça acusatória (Lopes Júnior, 2020).

Exemplificando: imaginemos que um magistrado receba denúncia oferecida pelo Ministério Público com uma decisão nos seguintes termos: "Recebo a denúncia, cite-se o réu". Há de se concordar que resta ausente a necessária fundamentação, portanto é cabível a oposição de embargos declaratórios em virtude da omissão.

— 7.1 —
Requisitos e aspectos processuais

A fundamentação legal para a oposição dos embargos declaratórios depende se está a se impugnar a decisão em primeiro ou em segundo grau. Naquele caso, o recurso é apresentado com esteio no art. 382 do Código de Processo Penal (CPP) – Decreto-Lei n. 3.689, de 3 de outubro de 1941. Em segunda instância, o recurso é apresentado com base no art. 619 do mesmo diploma legal (Avena, 2020).

— 7.1.1 —
Cabimento

Embora tenha embasamentos legais, diversos deles tratam do mesmo recurso com os mesmos objetivos, prazos e processamento (Lopes Júnior, 2020), por isso serão aqui tratados conjuntamente. São cabíveis os embargos de declaração diante de omissão, que ocorre quando o magistrado deixa de se pronunciar sobre questão relevante do processo (Lima, 2020), sendo também possível sua interposição para provocar análise de teses jurídicas e provas não apreciadas (Lopes Júnior, 2020).

Cabem, ainda, quando houver ambiguidade, que consiste na redação dúbia da decisão jurídica que dá amparo a mais de uma interpretação razoável (Lima, 2020). No caso de obscuridade, esta difere-se da ambiguidade em razão de que esse vício atinge a clareza da decisão, tornando-a, desse modo, incompreensível (Lima, 2020).

Ou, então, cabem referidos embargos quando ocorrer contradição na decisão, que pode ser conceituada como o uso de argumentos de fato e de direito colidentes, ou, ainda, diante de conclusão da decisão não compatível com a argumentação e fundamentação tecida (Marcão, 2020).

Como é possível notar, existe uma linha tênue entre os conceitos ora traçados, logo, eventual equívoco na argumentação lançada não pode servir como óbice para o conhecimento do recurso (Lopes Júnior, 2020).

Ainda no que concerne ao cabimento, é bom rememorar que os declaratórios podem ser utilizados para fins de prequestionamento de matéria a ser objeto de recurso especial e/ou extraordinário. Dessa forma, em caso de não enfrentamento, pelas instâncias ordinárias, de temas de interpretação/aplicação de legislação federal ou constitucional, é cabível o recurso em estudo (Lima, 2020).

— 7.1.2 —
Interposição e processamento

A oposição deve ser feita por meio de petição já acompanhada das razões recursais. Estas devem apontar os pontos omissos, as contradições, as ambiguidades e/ou as obscuridades da decisão impugnada e requerer que sejam sanados os vícios (Pacelli, 2020).

O endereçamento é feito para o próprio órgão que prolatou a decisão. Se em primeiro grau, para o juiz singular. No caso de acórdão, o recurso será endereçado ao desembargador ou ministro relator (Lima, 2020).

No que diz respeito ao prazo, a regra é que seja de 2 dias, exceto embargos declaratórios opostos perante o Supremo

Tribunal Federal (STF), que, na forma do art. 337, parágrafo 1º, do Regimento Interno do STF, é de 5 dias (Lima, 2020).

Conta-se o prazo a partir da intimação da decisão, não se incluindo o primeiro dia e computando-se o último. Ademais, o prazo não se inicia nem se finda em finais de semana ou feriados (Pacelli, 2020).

Sobre a tramitação do recurso, assinalamos que não se faz mister a intimação do recorrido para se manifestar, exceto quando se trata de embargos que possam vir a ter efeitos infringentes (Lima, 2020).

Os embargos de declaração não têm como objetivo a revisão da decisão proferida (Lopes Júnior, 2020). Todavia, podem ser-lhes atribuídos efeitos infringentes quando, em razão do acolhimento das próprias teses, seja modificada a decisão. Em recurso da acusação, porém, nada obsta o incremento da pena aplicada (Pacelli, 2020).

Ao perceber que as razões consignadas nos embargos declaratórios, se acolhidas, poderão modificar o julgado, o magistrado deve intimar a parte recorrida para apresentar, no prazo de 2 dias, contrarrazões (Lima, 2020). Caso não observe tal medida, haverá ofensa aos princípios do contraditório e da ampla defesa, o que pode culminar na nulidade do julgado.

O recurso em exame, se acolhido, integra a decisão embargada. Em outras palavras, passa a fazer parte da decisão que continha o vício, eis que o sana (Pacelli, 2020).

Tem legitimidade para a oposição dos embargos de declaração o Ministério Público, o defensor e o assistente de acusação (Lopes Júnior, 2020).

— 7.1.3 —
Efeitos

No que se refere aos efeitos dos embargos de declaração, estes têm efeitos suspensivo, devolutivo e regressivo (Avena, 2020).

O **efeito devolutivo** se verifica pelo retorno da matéria impugnada à apreciação do Poder Judiciário (Avena, 2020). Em outros termos, nos embargos declaratórios, devolve-se ao crivo jurisdicional a decisão que, em tese, contém vícios, a fim de que este se manifeste para torná-la hígida.

Na mesma esteira, é possível afirmar que os embargos têm **efeito regressivo**. Isso porque a matéria objeto da irresignação é devolvida ao mesmo órgão jurisdicional que proferiu a decisão impugnada. Importante mencionar que o recurso em voga não subirá para apreciação de órgão diverso (Lopes Júnior, 2020).

Especial atenção merece o **efeito suspensivo**, em razão de o CPP nada tratar sobre o tema. Dessa forma, ao teor do art. 3º do mesmo diploma legal, deve-se aplicar a técnica hermenêutica da analogia ao CPP (Avena, 2020).

O referido artigo não atribui efeito suspensivo aos embargos declaratórios, entretanto preconiza que os prazos para o oferecimento de recursos são interrompidos; a interrupção de prazos consiste no recomeço da contagem após a apreciação do recurso oposto (Lima, 2020).

Para que haja a aludida interrupção do prazo, não é necessário o colhimento dos embargos, basta que sejam conhecidos e não se caracterizem como protelatórios (Lima, 2020).

O Superior Tribunal de Justiça (STJ) entende que os embargos que se prestam a prequestionar matéria que será objeto de recursos aos tribunais superiores não têm natureza protelatória. Nesse sentido, a Súmula n. 98 dispõe que os "embargos Declaratórios manifestados com notório propósito de prequestionamento não tem e caráter protelatório".

Em caso de não conhecimento dos embargos, o prazo para interposição de outros recursos (apelação, recurso em sentido estrito, especial ou extraordinário) fluirá da data da intimação da decisão embargada, sem qualquer tipo de interrupção ou suspensão (Lima, 2020).

— 7.1.4 —
Juizado Especial Criminal

Em razão das especificidades do rito sumaríssimo, optamos pela abordagem em tópico separado dos embargos declaratórios opostos nos Juizados Especiais Criminais.

O fundamento legal para oposição dos embargos é o art. 83 da Lei n. 9.099, de 26 de setembro de 1995, sendo o prazo para sua oposição de 5 dias. Ao contrário dos demais ritos, no sumaríssimo é possível que os embargos sejam apresentados oralmente e em audiência (Lopes Júnior, 2020).

Vale asseverar que o fundamento legal é o mesmo tanto para a apresentação de declaratórios perante o juiz singular quanto nas turmas recursais, que não são órgãos colegiados de tribunais, mas turmas de juízes (Marcão, 2020).

Relevante alteração foi introduzida pelo Código de Processo Civil (CPC) – Lei n. 13.105, de 16 de março de 2015 –, uma vez que, anteriormente a esse estatuto, o prazo para a interposição de outro recurso era suspenso pela oposição de embargos. Atualmente, com a introdução do parágrafo 2º ao art. 83 à Lei dos Juizados Especiais, o prazo passou a ser interrompido (Marcão, 2020).

— 7.2 —
Peça processual

Os embargos declaratórios devem ser apresentados em peça única. Esta deverá ser dividida em matéria de fato, de direito e os requerimentos, seguindo a lógica e ordem das petições simples.

Como já dito, os embargos são julgados pelo próprio órgão que prolatou a decisão eivada de vício. Se a decisão embargada for proferida por juiz singular, deve ser a ele endereçado. Já se for proferida por tribunal, a petição deve ser endereçada ao desembargador ou ministro relator (Dezem et al., 2021).

— 7.2.1 —
Qualificação

Como os embargos são oferecidos durante o curso do processo, ou seja, não se trata da primeira manifestação da parte, não se faz necessária a qualificação do recorrente. Pode ser utilizada a expressão: "já devidamente qualificado nos autos". Quem opõe os embargos é denominado *embargante*, e a outra parte é chamada de *embargado* (Knippel, 2020).

— 7.2.2 —
Fatos

Deve o embargante demonstrar a incompletude da decisão impugnada, bem como evidenciar onde se encontra o vício a ser sanado, não devendo ser citados dispositivos legais (Kinippel, 2020).

— 7.2.3 —
Direito e pedido

A peça ora em estudo tem como principal objetivo tornar a decisão compreensível e superar eventuais vícios, como obscuridade, ambiguidade, contradição ou omissão. Ressaltamos sobre a necessidade de indicar e demonstrar de forma clara e precisa no desenvolvimento do direito os vícios a serem sanados.

O pedido é pelo conhecimento e provimento dos embargos e, ao final, pela correção da decisão, indicando a finalidade a que se propõe (Knippel, 2020).

— 7.3 —
Modelo

Enunciado

Em 3 de novembro de 2019, o Ministério Público do Estado de Rondônia ofereceu denúncia em face de Marcelo de Tal, brasileiro, desempregado, primário e de bons antecedentes, por ter, em tese, subtraído mediante grave ameaça objetos da Senhora Maria das Dores. Os valores estimados dos objetos eram de R$ 50,00. A peça acusatória foi aceita pelo Juiz da 1ª Vara Criminal da Comarca de Porto Velho, e o processo tramitou regularmente. Na audiência de instrução, restou comprovada, pela oitiva de testemunhas e da vítima, a subtração dos objetos, todavia ficou também evidenciado que não houve emprego de violência ou grave ameaça. As alegações finais foram apresentadas oralmente ao final da audiência, e tanto o Ministério Público quanto a defesa requereram a absolvição em razão do princípio da insignificância.

Em data de 12 de fevereiro de 2021, você, na condição de advogado do acusado, foi intimado da seguinte decisão:

Relatório: Trata-se de ação penal proposta pelo Ministério Público do Estado de Rondônia imputando o crime de roubo ao Senhor Marcelo de Tal. A denúncia foi recebida às fls. 22. Regularmente citado o acusado ofereceu resposta à acusação. Em audiência de instrução foram ouvidas a vítima e as testemunhas. O réu fora interrogado. Ao final, as partes ofereceram alegações finais orais requerendo a absolvição do acusado. É o relatório. II – Fundamentação Jurídica. A tipificação apresentada pela acusação não se sustenta. Isso em razão de que durante a instrução processual restou evidenciado que não houve o emprego de grave ameaça ou violência para subtrair a res da vítima. Ademais, há de se aplicar no caso em apreço o princípio da insignificância. Veja-se que o acusado é de bons antecedentes, primário e a coisa subtraída é de pequeno valor. Desta feita, não há periculosidade social na sua conduta. III – DISPOSITIVO. Ante ao exposto absolvo o acusado com fundamento no artigo 386, inciso VI do Código de Processo Penal. Publique-se, Registre-se, Intime-se.

Assim, diante da situação processual e das circunstâncias, na qualidade de advogado, apresente a peça cabível.

Essa questão merece alguns comentários, visto que, em um primeiro momento, pode-se pensar que a decisão em questão deve ser objeto de recurso de apelação, pois, na forma do art. 593 do CPP, das sentenças é cabível esse recurso. Todavia, o acusado não foi condenado, razão pela qual não há interesse recursal para apresentar apelo. O gravame do imputado reside no fato de haver contradição entre a fundamentação e a conclusão da sentença (Lima, 2020).

Dessa forma, de acordo com a doutrina penal, o princípio da insignificância exclui a tipicidade objetiva, razão pela qual não se enquadra nas causas excludentes de ilicitude e de culpabilidade que engendram a absolvição com fulcro no art. 386, inciso VI, sendo certo que o correto é absolver com base no inciso III do referido artigo.

Modelo de peça de embargos de declaração

EXCELENTÍSSIMO SENHOR DOUTOR JUIZ DE DIREITO DA ___ VARA CRIMINAL DE PORTO VELHO – ESTADO DE RONDÔNIA

Autos n. _____

Embargante: Marcelo de Tal

Embargado: Ministério Público do Estado de Rondônia

Marcelo de Tal, já devidamente qualificado nos autos em epígrafe, vem, respeitosamente, por meio de seu advogado que esta subscreve, à presença de Vossa Excelência, com fundamento no art. 382 do Código de Processo Penal, opor:

EMBARGOS DE DECLARAÇÃO

O que passa a fazer nos seguintes termos:

I – Dos fatos

O Ministério Público ofereceu denúncia em face do embargante imputando-lhe o cometimento, em tese, do crime de roubo.

Durante a instrução processual restou comprovado que não houve o emprego de violência ou grave ameaça, que a coisa subtraída era de pequeno valor e que o recorrente era primário e de bons antecedentes.

Ao final do processo, sobreveio sentença absolutória. Todavia, existe contradição entre a fundamentação da sentença e seu dispositivo, razão pela qual se manejam os presentes embargos.

II – Do Direito

O art. 382 do CPP estabelece que as partes, no prazo de dois dias, poderão pedir ao magistrado que declare a sentença que houver ambiguidade, obscuridade, omissão ou contradição.

Nada obstante o acerto, a respeitável decisão prolatada por este douto Juízo padece de um dos vícios acima citados, qual seja a contradição.

Está assim consignado na motivação na fundamentação: "Ademais, há de se aplicar no caso em apreço o princípio da insignificância. Veja-se que o acusado é de bons antecedentes, primário e a coisa subtraída é de pequeno valor. Desta feita, não há periculosidade social na sua conduta". A aplicação de tal princípio exclui a tipicidade objetiva da conduta.

Contudo, na parte dispositiva da decisão, a absolvição se fundamenta no art. 386, inciso VI, do CPP, ou seja, no reconhecimento de causa que exclua a ilicitude ou a culpabilidade.

Como se nota, há evidente contradição entre as razões de decidir e a decisão estampada ao final da sentença. A absolvição deveria ter se fundamentado no inciso III do referido artigo, eis que o fato imputado é atípico e, por consequência, não constitui crime.

Nessa linha, merece a decisão, ao teor do art. 382 do CPP, ser declarada.

III – Do Pedido

Ante ao exposto, requer-se o recebimento e provimento dos presentes embargos, a fim de declarar a respeitável sentença, corrigindo-se a contradição nela contida consignando na parte dispositiva que a absolvição foi fundamentada no art. 386, inciso III, do CPP.

Termos em que
pede deferimento.
Porto Velho, [data]
NOME DO ADVOGADO
OAB/[UF] n. XXXXX

Capítulo 8

Decisões judiciais

Todo e qualquer procedimento, seja comum, seja especial, que pretende apurar a prática de uma infração penal depende da prática de atos para que o processo possa tramitar.

Esses atos chamados de *processuais* se fundam na "manifestação da vontade: atos processuais, em que a vontade se encontra presente" (Pacelli, 2020, p. 479). Ato *processual* pode ser conceituado como aquele que é "praticado com o fim de gerar efeitos no processo" (Bonfim, 2019, p. 647).

Ao longo do trâmite processual, é possível se deparar com os atos processuais, os quais podem ser classificados em "atos das partes e atos jurisdicionais" (Bonfim, 2019, p. 647), ou seja, atos que podem ser praticados pelas partes e pelo magistrado.

Os atos das partes podem subdividir-se em postulatórios e instrutórios (Pacelli, 2020).

Primeiramente, os **atos postulatórios** são os "requerimentos feitos pelas partes, sobretudo pelo autor da ação penal, já que a defesa, a rigor, não postula, e sim contesta e refuta as imputações e alegações feitas na denúncia ou queixa" (Pacelli, 2020, p. 479), com a clara intenção de obter a solução do caso penal (Bonfim, 2019) submetido ao Poder Judiciário para apreciação.

No que se refere aos **atos instrutórios**, podemos entendê-los como "toda a atividade probatória desenvolvida pelas partes" (Pacelli, 2020, p. 479) que tem por objetivo formar e convencer o juiz de determinada argumentação disposta no processo, concedendo-lhe a certeza suficiente para que possa realizar o julgamento do caso penal (Bonfim, 2019).

Já os **atos jurisdicionais** são praticados exclusivamente pelo juiz, podendo ser realizados na fase pré-processual, antes da instrução (Pacelli, 2020) e ao final do procedimento. Tais atos serão objeto de estudo do presente capítulo.

— 8.1 —
Redação oficial

As decisões judiciais têm por objetivo dar continuidade ao feito, "dando cumprimento ao curso das fases procedimentais, sem se deter no exame de qualquer questão controvertida" (Pacelli, 2020, p. 484), ou, então, atos em que o juiz pretende apresentar uma resolução, bem como solucionar o caso penal, esgotando sua atuação jurisdicional.

Independentemente da classificação e dos objetivos pretendidos com o ato jurisdicional praticado, é necessário que a linguagem utilizada seja adequada, devendo "primar pela clareza e objetividade" (Brasil, 1999, p. 9), e, em virtude do princípio da publicidade consagrado constitucionalmente, não se esgota com a "mera publicação do texto" (Brasil, 1999, p. 9).

A língua tem por objetivo realizar a comunicação, seja por meio da fala, seja pela escrita, sendo necessário, para que ocorra a comunicação, ter um sujeito que a realize, outro que receba e um motivo para repassar a mensagem (Brasil, 2018).

Da mesma forma ocorre com as decisões judiciais, pois estas constituem o objetivo pelo qual deve haver a transmissão, sendo o Poder Judiciário quem deve comunicar, e a parte integrante do processo, quem receberá a informação. Por isso é que deve o texto estar "adequado à situação comunicativa" (Brasil, 2018, p. 16):

> A necessidade de empregar determinado nível de linguagem nos atos e nos expedientes oficiais decorre, de um lado, do próprio caráter público desses atos e comunicações; de outro, de sua finalidade. Os atos oficiais, aqui entendidos como atos de caráter normativo, ou estabelecem regras para a conduta dos cidadãos, ou regulam o funcionamento dos órgãos e entidades públicas, o que só é alcançado se, em sua elaboração, for empregada a linguagem adequada. O mesmo se dá com os expedientes oficiais, cuja finalidade precípua é a de informar com clareza e objetividade. (Brasil, 2018, p. 16)

As decisões judiciais devem, em sua escrita, apresentar elementos essenciais inerentes a uma boa decisão: "a) conhecimento das normas e experiência jurídica; b) domínio da estrutura e da disposição do conteúdo a ser apresentado; c) capacidade de saber argumentar com clareza, coerência e objetividade" (Paiva, 2017, p. 33), além dos requisitos de "impessoalidade, clareza, precisão, concisão, correção, coerência e coesão" (TJDF, 2016, p. 15), possibilitando que a decisão judicial seja compreendida.

— 8.2 —
Classificação das decisões judiciais

As decisões judiciais compreendem os despachos de mero expediente, as decisões interlocutórias de natureza mista e simples e a sentença.

— 8.2.1 —
Despachos

Os despachos podem ser considerados atos ordinatórios, o que significa dizer que são "aqueles que têm por objetivo impulsioná-lo, relacionados ao cumprimento das várias etapas que integram cada procedimento legalmente previsto" (Avena, 2020, p. 1.197).

> Tratando-se de manifestações sem carga decisória, caracterizam-se pela irrecorribilidade, muito embora possam ensejar correição parcial pelo prejudicado se forem exarados ao arrepio da lei. Afinal, não se pode ignorar que os despachos objetivam *ordenar* a sequência de atos do procedimento, de forma a permitir que o processo alcance sua última etapa, que é a sentença. (Avena, 2020, p. 1.197)

Como não apresentam carga decisória, não geram prejuízo para as partes constantes no processo, sendo, de tal forma, irrecorríveis, normalmente representados por expressões como "'junte-se', 'intime-se', 'dê-se vista' e congêneres" (Lopes Júnior, 2020, p. 961).

Sua principal função é de "por ordem aos atos do processo" (Avena, 2020, p. 1.197). Entretanto, se não ocorrem dessa forma, ocasionando uma "inversão na ordem desses atos, provocando tumulto processual, surge o fenômeno chamado de inversão tumultuária, que é um dos móveis do pedido correicional" (Avena, 2020, p. 1.197).

Cabe a ressalva de que "a correição parcial, em princípio, não possui natureza recursal, mas sim de uma medida de caráter administrativo-disciplinar oponível contra atos de magistrado praticados por *error in procedendo* (erro de procedimento) ou abuso de poder" (Avena, 2020, p. 1.197).

— 8.2.2 —
Decisão interlocutória

As decisões interlocutórias "integram uma classificação intermediária entre os despachos de mero expediente e as sentenças propriamente ditas" (Avena, 2020, p. 1.198), sendo identificada de modo residual, ao passo que seu

> enquadramento de uma determinada manifestação judicial como decisão interlocutória ocorre de forma residual, ou seja, deve-se considerar como tais os pronunciamentos que não possam ser enquadrados nem como despachos de mero expediente e nem como sentenças "stricto sensu". (Avena, 2020, p. 1.198)

Inicialmente, no que se refere às decisões interlocutórias **simples**, estas têm um "mínimo de caráter decisório e gera gravame para uma das partes" (Lopes Júnior, 2020, p. 961), via de regra não cabe recurso, sendo, porém, possível a utilização de meios de impugnação autônoma. Aqui, citamos como exemplo a "decisão que recebe a denúncia ou queixa, indefere o pedido de habilitação como assistente da acusação etc." (Lopes Júnior, 2020, p. 961).

Já as decisões interlocutórias **mistas** "são pronunciamentos do juiz que ocorrem antes da sentença final, possuindo, obviamente, carga decisória" (Avena, 2020, p. 1.198) e diferenciam-se das de natureza simples porque "acarretam a extinção do processo (provocando o respectivo arquivamento) ou a extinção de uma fase do procedimento criminal" (Avena, 2020, p. 1.198).

— 8.2.3 —
Sentença

As sentenças são os atos jurisdicionais que põem "termo ao processo em primeiro grau de jurisdição" (Misaka, 2014, p. 17), apreciando em definitivo o mérito de uma pretensão acusatória (Pacelli, 2020), resolvendo "com plenitude, acerca do objeto do processo penal" (Lopes Júnior, 2017, p. 883), encerrando o processo de conhecimento na primeira instância.

Conforme prevê o art. 381 do Código de Processo Penal (CPP) – Decreto-Lei n. 3.689, de 3 de outubro de 1941 –, são requisitos obrigatórios da sentença:

> Art. 381. A sentença conterá:
>
> I – os nomes das partes ou, quando não possível, as indicações necessárias para identificá-las;
>
> II – a exposição sucinta da acusação e da defesa;
>
> III – a indicação dos motivos de fato e de direito em que se fundar a decisão;
>
> IV – a indicação dos artigos de lei aplicados;
>
> V – o dispositivo;
>
> VI – a data e a assinatura do juiz.

Antes de iniciar a confecção do relatório, o magistrado indicará o número dos autos e as partes envolvidas no processo. Trata-se do primeiro requisito obrigatório constante no art. 381, inciso I, do CPP.

> A exigência de **identificação das partes**, prevista no art. 381, I, do CPP, justifica-se no fato de que a coisa julgada, consistente na imutabilidade da decisão, apenas ocorre entre partes determinadas. Sendo assim, há a necessidade de que sejam elas individualizadas, se não por seus nomes, no mínimo com as indicações necessárias às suas identificações de forma segura. (Avena, 2020, p. 1.201)

Quando o processo for de ação penal pública, será iniciado por meio de denúncia oferecida pelo promotor de Justiça, não havendo a necessidade de sua identificação, haja vista que, observando o critério de impessoalidade, representa o Ministério Público, de modo que, ao oferecer a pretensão acusatória, este o faz em nome do órgão ministerial, e não em nome próprio, o que dispensa a indicação de seu nome na qualificação, bastando a indicação do Ministério Público. Diferentemente do que ocorre quando a ação penal é de iniciativa pública, em que a titularidade da persecução penal é de iniciativa do ofendido ou de seu representante legal, ocasião em que deve constar o nome do querelante, sob pena de nulidade (Avena, 2020).

> Se, contudo, a vítima habilitou-se como assistente de acusação, neste caso a referência a essa habilitação deverá ser feita, mas não a título de identificação das partes, e sim como incidente processual ocorrido após o recebimento da denúncia. Mesmo nesse caso, não vislumbramos nulidade (e sim irregularidade) pela ausência de menção ao nome da vítima-assistente, bastando que o fato de sua admissão no processo seja mencionado. (Avena, 2020, p. 1.202)

O requisito inicial que se mostra essencial é a identificação do réu, e sua ausência constitui nulidade absoluta, havendo presunção de prejuízo, haja vista que, "sendo a qualificação do acusado ou os elementos pelos quais se possa identificá-lo requisito obrigatório da denúncia e da queixa (art. 41 do CPP), não seria admissível ao juiz, no ato que encerra o processo de conhecimento, omitir-se na respectiva menção" (Avena, 2020, p. 1.202).

O relatório é um dos requisitos obrigatórios existentes no art. 381, inciso II, do CPP, que dispõe que a sentença conterá "a exposição sucinta da acusação e da defesa", tendo por objetivo apresentar os acontecimentos processuais desde o oferecimento da pretensão acusatória formulada até as alegações finais realizadas pelas partes (Marcão, 2020, p. 954), apresentando "de forma resumida e relevante o limite do pedido com seus fatos, argumentos e provas, a manifestação do réu com seus argumentos e provas" (Paiva, 2017, p. 39).

A finalidade é apresentar "o histórico dos atos processuais ocorridos no processo" (Paiva, 2017, p. 39), devendo-se, para tanto, deixar de fora todo e qualquer discussão não atinente ao objeto do que se discute, a seleção da matéria pertinente para o julgamento, estabelecer as controvérsias em que se funda e compreender as teses apresentadas pelas partes.

Não é necessário "que o relatório seja minucioso quanto à referência às teses das partes, sendo suficiente que ao delinear as fases do procedimento criminal faça menção aos argumentos por elas deduzidos perante o juiz" (Avena, 2020, p. 1.202), e, caso não haja a menção das teses no relatório e apreciadas na fundamentação, não há qualquer nulidade se não for demonstrado o efetivo prejuízo, afastando qualquer nulidade que se possa atribuir se, "mesmo existente o defeito no relatório, o *decisum* analisa em seu bojo a prova coletada em face dos argumentos oferecidos pelos interessados" (Avena, 2020, p. 1.202).

> O relatório deixa claro que o juiz analisou os principais elementos do pedido do autor, da manifestação da defesa e dos fatos relevantes do processo. Geralmente, o relatório é formulado com parágrafos pequenos e divididos por assunto. Importante que o pedido do autor e a manifestação do réu não fiquem no mesmo parágrafo. É muito comum que cada ideia fique em um parágrafo para que as etapas fiquem bem claras e objetivas. (Paiva, 2017, p. 40)

Assim, "em linhas gerais, o relatório consiste no resumo das principais etapas do procedimento e dos incidentes que, eventualmente, tenham sido suscitados ou resolvidos no curso do processo" (Avena, 2020, p. 1.202).

A ressalva que se faz é com relação à sentença proferida em sede do Juizado Especial Criminal, na qual será dispensada a parte do relatório, apenas mencionando-se os elementos que formaram a convicção judicial (art. 81, § 3º, da Lei n. 9.099/1995).

Outro requisito essencial e obrigatório é a fundamentação, pois os arts. 381, incisos III e IV, do CPP dispõem sobre a necessidade de a sentença apresentar "a indicação dos motivos de fato e de direito em que se fundar a decisão" e "a indicação dos artigos de lei aplicados".

Ainda, a necessidade de motivação da decisão judicial está prevista no art. 93, inciso IX, da Constituição Federal (CF) de 1988, que surge como forma de controle de legalidade e observância da eficácia do direito fundamental ao contraditório e à defesa, bem como para o fim de indicar a adoção da presunção de inocência, sendo somente possível ver tais elementos na decisão judicial, predominando sobre o poder, se esta apresentar sua motivação (Lopes Júnior, 2020).

> É a recusa a todo discurso científico (incluindo o mito da neutralidade etc.) baseado na separação entre emoção (*sentire*) e razão. É claro que o juiz é um ser--no-mundo, logo, sua compreensão sobre o caso penal (e a incidência da norma) é resultado de toda uma imensa complexidade que envolve os fatores subjetivos que afetam a sua própria percepção do mundo. Não existe possibilidade de um *ponto zero de compreensão*, diante da gama de valores, preconceitos, estigmas, "pré-juízos", aspectos subjetivos etc., que concorrem no ato de julgar, logo, sentir e eleger significados. (Lopes Júnior, 2020, p. 955)

Representa, portanto, "verdadeira garantia fundamental de que não se pode olvidar no Estado de Direito minimamente democrático" (Marcão, 2020, p. 954).

> No modelo constitucional não se admite nenhuma imposição de pena: sem que se produza a comissão de um delito; sem que ele esteja previamente tipificado por lei; sem que exista necessidade de sua proibição e punição; sem que os efeitos da conduta sejam lesivos para terceiros; sem o caráter exterior ou material da ação criminosa; sem a imputabilidade e culpabilidade do autor; e sem que tudo isso seja verificado por meio de uma prova empírica, levada pela acusação a um juiz imparcial em um processo público, contraditório, com amplitude de

defesa e mediante um procedimento legalmente preestabelecido. (Lopes Júnior, 2020, p. 946)

Consiste na "motivação no raciocínio lógico realizado pelo juiz a partir do contexto probatório inserido ao processo" (Avena, 2020, p. 1.202), a análise das "teses sustentadas pela acusação e pela defesa, e também explicar as razões de fato e de direito que o levaram a proferir a decisão de absolvição ou de condenação" (Marcão, 2020, p. 954). Possui liberdade para proferir a decisão, mas se devem apresentar os fundamentos que ensejaram a posição adotada, esclarecendo "os parâmetros utilizados na individualização da pena e escolha do regime de cumprimento, sendo caso" (Marcão, 2020, p. 954).

Revela-se "imprescindível não apenas para a informação e satisfação que se deve dar às partes, mas, sobretudo, para que, conhecendo as razões motivadoras, o inconformado dela possa recorrer com argumentos contrários" (Marcão, 2020, p. 954).

A sentença tem também a parte dispositiva, conforme determina o art. 381, inciso V, do CPP, representando a conclusão de sua fundamentação expendida na decisão e declarando "o direito aplicável na solução da controvérsia penal e, assim procedendo, absolve ou condena o acusado e, nesse caso, aplica a pena cabível e o respectivo regime de cumprimento" (Marcão, 2020, p. 957).

Ainda, deve apresentar a autenticação, prevista no art. 381, inciso VI, do CPP, representada pela "data e a assinatura do juiz", quando a sentença for proferida em sua forma escrita, haja vista que há a possibilidade de ser proferida de modo oral ao final da audiência de instrução e julgamento, e sua ausência constitui nulidade absoluta: "é causa de nulidade por falta de formalidade que constitui elemento essencial do ato" (Marcão, 2020, p. 957). Destacamos, por fim, que a nulidade é da "sentença, e não do processo" (Marcão, 2020, p. 957).

Considerações finais

Nosso objetivo, nesta obra, foi analisar as principais peças cabíveis nos processos criminais em primeiro grau, destacando algumas abordagens acerca da prática profissional.

Dessa feita, em cada um dos capítulos, foi realizada uma revisão teórica dos principais requisitos e aspectos processuais, delineando as espécies de ação penal, os prazos de direito material e processuais eventualmente aplicados em cada uma das peças, a demonstração da titularidade da persecução penal, a necessidade de indicação da capacidade postulatória, o embasamento legal e a forma de estruturação da peça.

Buscamos realizar a apresentação dos procedimentos e o momento processual da aparição da referida peça. Com base nos conceitos traçados nas abordagens teóricas, reunimos, ao final dos capítulos, os principais requisitos das peças processuais e consignamos um exemplo prático de modo a explicar a inserção de cada um dos pontos na montagem da peça.

Referências

AVENA, N. **Processo penal**. 12. ed. São Paulo: Forense, 2020.

BADARÓ, G. **Processo penal**. 2. ed. São Paulo: Elsevier, 2014.

BONFIM, E. M. **Curso de processo penal**. 13. ed. São Paulo: Saraiva Educação, 2019.

BRASIL. Constituição (1988). **Diário Oficial da União**, Brasília, DF, 5 out. 1988. Disponível em: <http://www.planalto.gov.br/ccivil_03/constituicao/constituicao.htm>. Acesso em: 5 dez. 2021.

BRASIL. Decreto-Lei n. 1.001, de 21 de outubro de 1969. **Diário Oficial**, Poder Executivo, Rio de Janeiro, 21 out. 1969. Disponível em: <http://www.planalto.gov.br/ccivil_03/decreto-lei/del1001.htm>. Acesso em: 5 dez. 2021.

BRASIL. Decreto-Lei n. 2.848, de 7 de dezembro de 1940. **Diário Oficial**, Poder Executivo, Rio de Janeiro, 31 dez. 1940. Disponível em: <http://www.planalto.gov.br/ccivil_03/decreto-lei/del2848compilado.htm>. Acesso em: 5 dez. 2021.

BRASIL. Decreto-Lei n. 3.689, de 3 de outubro de 1941. **Diário Oficial**, Poder Executivo, Rio de Janeiro, 13 out. 1941. Disponível em: <http://www.planalto.gov.br/ccivil_03/decreto-lei/del3689compilado.htm>. Acesso em: 5 dez. 2021.

BRASIL. Lei n. 1.060, de 5 de fevereiro de 1950. **Diário Oficial**, Rio de Janeiro, 13 fev. 1950. Disponível em: <http://www.planalto.gov.br/ccivil_03/leis/l1060.htm>. Acesso em: 5 dez. 2021.

BRASIL. Lei n. 8.906, de 4 de julho de 1994. **Diário Oficial da União**, Poder Legislativo, Brasília, 5 jul. 1994. Disponível em: <http://www.planalto.gov.br/ccivil_03/leis/l8906.htm>. Acesso em: 10 ago. 2021.

BRASIL. Lei n. 9.099, de 26 de setembro de 1995. **Diário Oficial da União**, Poder Legislativo, Brasília, 27 set. 1995. Disponível em: <http://www.planalto.gov.br/ccivil_03/leis/l9099.htm>. Acesso em: 5 dez. 2021.

BRASIL. Lei n. 11.340, de 7 de agosto de 2006. **Diário Oficial da União**, Poder Legislativo, Brasília, 8 ago. 2006a. Disponível em: <http://www.planalto.gov.br/ccivil_03/_ato2004-2006/2006/lei/l11340.htm>. Acesso em: 5 dez. 2021.

BRASIL. Lei n. 11.343, de 23 de agosto de 2006. **Diário Oficial da União**, Poder Legislativo, Brasília, 24 ago. 2006b. Disponível em: <http://www.planalto.gov.br/ccivil_03/_ato2004-2006/2006/lei/l11343.htm>. Acesso em: 5 dez. 2021.

BRASIL. Lei n. 11.719, de 20 de junho de 2008. **Diário Oficial da União**, Poder Legislativo, Brasília, 23 jun. 2008. Disponível em: <http://www.planalto.gov.br/ccivil_03/_ato2007-2010/2008/lei/l11719.htm>. Acesso em: 5 dez. 2021.

BRASIL. Lei n. 13.105, de 16 de março de 2015. **Diário Oficial da União**, Poder Legislativo, Brasília, 17 mar. 2015. Disponível em: <http://www.planalto.gov.br/ccivil_03/_ato2015-2018/2015/lei/l13105.htm>. Acesso em: 5 dez. 2021.

BRASIL. Presidência da República. Casa Civil. Subchefia de Assuntos Jurídicos. **Manual de redação da Presidência da República**. 3. ed. Brasília: Presidência da República, 2018. Disponível em: <http://www4.planalto.gov.br/centrodeestudos/assuntos/manual-de-redacao-da-presidencia-da-republica/manual-de-redacao.pdf>. Acesso em: 5 dez. 2021.

BRASIL. Senado Federal. **Manual de elaboração de textos**. Brasília: Senado Federal, 1999. Disponível em: <https://www12.senado.leg.br/institucional/estrutura/SF/OAS/CONLEG/arquivos/manuais/manual-de-elaboracao-de-textos>. Acesso em: 5 dez. 2021.

BRASIL. Superior Tribunal de Justiça. **Súmulas do Superior Tribunal de Justiça**. Disponível em: <https://www.stj.jus.br/docs_internet/SumulasSTJ.pdf>. Acesso em: 5 dez. 2021.

BRASIL. Supremo Tribunal Federal. **Súmula do STF**. Brasília, 1º dez. 2017. Disponível em: <http://www.stf.jus.br/arquivo/cms/jurisprudenciaSumula/anexo/Enunciados_Sumulas_STF_1_a_736_Completo.pdf>. Acesso em: 5 dez. 2021.

CARNELUTTI, F. **As misérias do processo penal**. Tradução da versão espanhola do original italiano por Carlos Eduardo Trevelin Millan. São Paulo: Pillares, 2009.

CURY, R. **Método de estudo OAB**: processo penal. Rio de Janeiro: Forense; São Paulo: Método, 2018.

DEZEM, G. M. et al. **Prática jurídica**: penal. 16. ed. São Paulo: Saraiva Educação, 2021.

GUANDALINI JUNIOR, W. Da subsunção à argumentação: perspectivas do raciocínio jurídico moderno. **Revista da Faculdade de Direito**, Curitiba: UFPR, n. 54, p. 149-162, 2011.

ISHIDA, V. K. **Prática jurídica penal**. 8. ed. São Paulo: Atlas, 2015.

KNIPPEL, E. L. **Vade Mecum Prática OAB Penal**. São Paulo: Revista dos Tribunais, 2012.

LIMA, R. B. de. **Manual de processo penal**. 8. ed. Salvador: JusPodivm, 2020. v. único.

LOPES JÚNIOR, A. **Direito processual penal**. 14. ed. São Paulo: Saraiva Educação, 2017.

LOPES JÚNIOR, A. **Direito processual penal**. 17. ed. São Paulo: Saraiva Educação, 2020.

MARCÃO, R. **Código de Processo Penal comentado**. São Paulo: Saraiva, 2016.

MARCÃO, R. **Curso de processo penal**. 6. ed. São Paulo: Saraiva Educação, 2020.

MARQUES, F. et al. (Orgs.). **Coleção prática forense penal**. 2. ed. São Paulo: Saraiva, 2020.

MASSON, C.; MARÇAL, V. **Lei de Drogas**: aspectos penais e processuais. São Paulo: Forense, 2019.

MESSA, A. F. **Prática penal para exame da OAB**. 12. ed. São Paulo: Saraiva Educação, 2020.

MESSA, A. F. **Prática penal para exame da OAB**. 7. ed. São Paulo: Saraiva Educação, 2015.

MISAKA, M. Y. **Sentença criminal**. São Paulo: Método, 2014.

MOSSIN, H. A. **Compêndio de processo penal**: curso completo. São Paulo: Manole, 2010.

NICOLLIT, A. **Manual de processo penal**. 5. ed. São Paulo: Revista dos Tribunais, 2014.

NUCCI, G. de S. **Código de Processo Penal comentado**. 19. ed. Rio de Janeiro: Forense, 2020.

PACELLI, E. **Curso de processo penal**. 24. ed. São Paulo: Atlas, 2020.

PACELLI, E.; FISCHER, C. D. **Comentários ao Código de Processo Penal e sua jurisprudência**. 11. ed. rev., atual e ampl. São Paulo: Atlas, 2019.

PAIVA, M. **Elaboração de decisões judiciais**. Brasília: Instituto Educere, 2017. Disponível em: <https://bdjur.tjdft.jus.br/xmlui/bitstream/handle/tjdft/38282/EDUCERE-LIVRO-DECISOES-JUDICIAIS-PDF-2017.pdf?sequence=1#:~:text=Decis%C3%A3o%20interlocut%C3%B3ria%20ou%20simplesmente%20%E2%80%9Cdecis%C3%A3o,nomear%20perito%20ou%20marcar%20audi%C3%AAncia.>. Acesso em: 5 dez. 2021.

PRADO, L. R. **Curso de direito penal brasileiro**: parte especial. 15. ed. São Paulo: Revista dos Tribunais, 2017. v. 2.

RANGEL, P. **Direito processual penal**. 27. ed. São Paulo: Atlas, 2019.

ROSA, A. M. da. **Guia de processo penal conforme a teoria dos jogos**. 6. ed. Florianópolis: EMais, 2020.

SILVA, B. I. S. A morte do in dubio pro reo ante o recebimento da denúncia com base no in dubio pro societate. **Sala de Aula Criminal**, 26 maio 2020. Disponível em: <http://www.salacriminal.com/home/a-morte-do-in-dubio-pro-reo-ante-o-recebimento-da-denuncia-com-base-no-in-dubio-pro-societate>. Acesso em: 5 dez. 2021.

TALON, E. Como estudar as teses defensivas de um processo penal? **JusBrasil**, 2019. Disponível em: <https://canalcienciascriminais.jusbrasil.com.br/artigos/736809869/como-estudar-as-teses-defensivas-de-um-processo-penal>. Acesso em: 5 dez. 2021.

TJDF – Tribunal de Justiça do Distrito Federal e dos Territórios. **Manual de redação oficial**. 2. ed. Brasília: TJDFT, 2016. Disponível em: <https://bdjur.tjdft.jus.br/xmlui/bitstream/handle/tjdft/34860/Manual%20de%20Reda%C3%A7%C3%A3o%20Oficial%202%C2%AA%20Edi%C3%A7%C3%A3o.pdf?sequence=1>. Acesso em: 5 dez. 2021.

TUCCI, R. L. **Teoria do direito processual penal**: jurisdição, ação e processo penal: estudo sistemático. São Paulo: Revista dos Tribunais, 2002.

Sobre os autores

Bruna Isabelle Simioni Silva é doutoranda e mestra em Direitos Fundamentais e Democracia pelo Centro Universitário Autônomo do Brasil (UniBrasil). É professora do Centro Universitário Internacional Uninter das disciplinas de Direito Penal, Processo Penal e Núcleo de Prática Jurídica – Área Penal; professora responsável pelo Grupo de Estudos de Direitos da Mulher do Centro Universitário Internacional Uninter; professora do Curso Jurídico; professora convidada da pós-graduação da Escola da Magistratura Estadual de Santa Catarina (Esmesc). É advogada inscrita na Ordem dos Advogados do Brasil (OAB), Seção Paraná.

Igor Fernando Ruthes é mestre em Direitos Fundamentais e Democracia pelo Centro Universitário Autônomo do Brasil (UniBrasil), especialista em Direito Ambiental pelo Centro Universitário Internacional Uninter, especialista em Direito e Processo Penal pela Academia Brasileira de Direito Constitucional (ABDConst), graduado em Direito pelo UniBrasil, graduado em Ciências Contábeis pela FAE Business School. É Procurador Municipal de Balsa Nova (PR).

Os papéis utilizados neste livro, certificados por instituições ambientais competentes, são recicláveis, provenientes de fontes renováveis e, portanto, um meio **responsável** e natural de informação e conhecimento.

FSC
www.fsc.org
MISTO
Papel produzido a partir de fontes responsáveis
FSC® C103535

Impressão: Reproset
Março/2023